Geheime Künste
TRAUMDEUTUNG

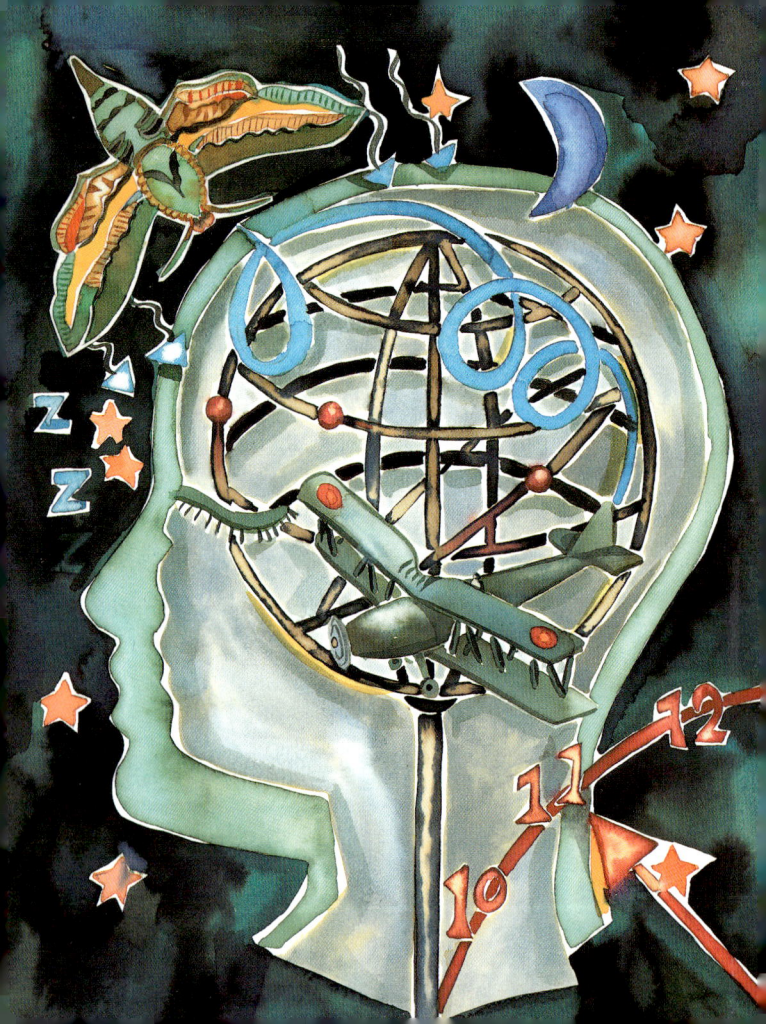

Geheime Künste
TRAUMDEUTUNG

CARO NESS

EVERGREEN is an imprint of TASCHEN GmbH

Copyright © für diese Ausgabe:
2003 TASCHEN GmbH
Hohenzollernring 53, D-50672 Köln
www.taschen.com

Originalausgabe von
THE IVY PRESS LIMITED,
The Old Candlemakers, Lewes, East Sussex BN7 2NZ
Art director *Peter Bridgewater*
Redaktionsleitung *Sophie Collins*
Designer *Kevin Knight, Jane Lanaway*
Fachlektor *April McCroskie*
Redaktion *Clare Haworth-Maden*
Bildrecherche *Vanessa Fletcher, Trudi Valter*
Fotografien *Guy Ryecart*
Illustrationen *Sarah Young, Andrew Kulman, Michael Courtney, Michaela Blunden, Ivan Hissey, Madeleine Hardie, Liz Cooke, Tony Simpson*
Dreidimensionale Modelle *Mark Jamieson*
Copyright © 2001 The Ivy Press Limited

Gesamtproduktion der deutschen Ausgabe:
akapit Verlagsservice Berlin – Saarbrücken (www.akapit.de)
Übersetzung aus dem Englischen: *Dagmar Mallett (akapit Verlagsservice)*
Lektorat: *Ina Friedrich (akapit Verlagsservice)*

Alle Rechte vorbehalten:
Kein Teil dieses Werks darf ohne schriftliche Einwilligung des Verlages
in irgendeiner Form (Fotokopie, Mikrofilm oder ein anderes Verfahren)
reproduziert oder unter Verwendung elektronischer Systeme
verarbeitet, vervielfältigt oder verbreitet werden.

Printed in China

ISBN 3-8228-2477-1

Die Ratschläge und Empfehlungen in diesem Buch
wurden von Autoren und Verlag nach bestem
Wissen und Gewissen erarbeitet und sorgfältig geprüft.
Dennoch kann eine Garantie oder
Haftung nicht übernommen werden.

INHALT

Über dieses Buch	**6**
Einführung	8
Was ist ein Traum?	**10**
Träume im Lauf der Geschichte	**30**
Traumarten	**66**
Traumarbeit	**78**
Traumthemen	**94**
Vertiefung	**182**
Glossar	218
Weitere Titel in dieser Reihe	220
Register	222
Danksagung	224

> I am at the seaside, wandering along amongst the debris that a recent storm has thrown up on to the beach. The sun is sinking. I start to collect small, green, pebble-like objects that I find amongst the grit and seaweed. I feel compelled to put one of them in my mouth.

Vollständige Erinnerung
Es ist wichtig, jede Einzelheit des Traums, an die Sie sich beim Erwachen erinnern können, sofort aufzuschreiben.

ÜBER DIESES BUCH

„Traumdeutung" besteht aus sechs Kapiteln. Im ersten Kapitel werden die physiologischen Veränderungen des Körpers im Schlaf und beim Träumen beschrieben. Das zweite beschäftigt sich mit der Entwicklung vergangener und gegenwärtiger Traumtheorien und das dritte mit den verschiedenen Traumarten. Im vierten und fünften Kapitel finden Sie Hilfestellungen zur Deutung Ihrer eigenen Träume, indem Sie sie aufschreiben und lernen, einige der häufigsten Traumthemen zu verstehen. Der letzte Teil hilft Ihnen bei der Weiterentwicklung Ihrer Traumarbeit und bei der Verbesserung Ihres Verständnisses für Schlaf und Träume.

Weitere Informationen
In diesem Buch wird die Natur des Traumzustands erklärt und es werden zahlreiche Theorien und Deutungen von Träumen analysiert. Sie können sich Ihre eigene Meinung über die Interpretationen jedes Traumdeuters bilden und entsprechend weiterforschen. Dabei sollten Sie jedoch nie vergessen: Ihre Träume gehören einzig und allein Ihnen und nur Sie selbst sind in der Lage, sie richtig zu deuten.

Der Traumzustand
Im ersten Teil des Buches wird beschrieben, was mit dem Körper und dem Gehirn im Schlaf passiert.

Traumdeuter

In diesem Buch werden die Theorien einiger führender historischer und zeitgenössischer Traumdeuter besprochen.

Traumarbeit

In diesem Abschnitt werden einige Techniken unter die Lupe genommen, die in jüngster Zeit zur individuellen Traumdeutung und zur Arbeit in Gruppen entwickelt wurden, um Patienten von chronischen traumatischen Albträumen zu befreien.

Traumbilder

Das Buch untersucht einige der häufigsten Traumthemen und ihre Interpretation durch verschiedene Traumdeuter.

Einführung

Süße Träume
Ein kleines Mädchen schläft ein und träumt davon, als Prinzessin auf einem Pferd zu reiten.

Eltern stehen oft vor dem Problem, dass ihre Kinder nicht schlafen wollen. „Ich habe Durst!", „Ich muss noch für die Schule lernen" oder „Es ist doch noch hell!" sind beliebte Ausreden. Dabei wissen wir genau, dass es uns in unserer Jugend nicht anders erging. Für Kinder ist Schlafen eine enorme Zeitverschwendung, wenn man doch noch so viel Schöneres zu tun hat, wie Fahrrad fahren, Spielen oder Fernsehen. Erst mit der Entdeckung und Erforschung der Träume ändert sich das alles.

Verborgener Schatz
Während Verstand und Körper ruhen und sich erholen, entführen Träume uns in seltsame und wunderbare Situationen. Dabei werden wir zum Hauptdarsteller in unserem eigenen Stück. Wir schwingen uns wie Vögel in die Luft, schwimmen wie Fische, springen über Häuser und überwinden Raum, Zeit und Schwerkraft. Wir sind Held und Schurke zugleich und können unsere echten und eingebildeten Unzulänglichkeiten wettmachen. In Träumen brauchen wir uns nicht mit Zweifeln abzuplagen, denn in diesem Paralleluniversum sind Unmögliches und Absurdes mühelos, real und völlig glaubhaft. Wenn wir älter werden, verstehen wir, dass unser Geist uns nicht nur diese herrlichen Abenteuer erleben lässt, sondern dass er uns auch lebenswichtige Informationen gibt, die wir tagsüber übersehen haben. Nur werden diese Botschaften durch einen Bildercode vermittelt, der mit Hieroglyphen vergleichbar ist. Dieses Buch zeigt verschiedene Traumtheorien auf, von den frühesten Quellen

bis zur modernen Traumforschung. Jede ist auf ihre Art faszinierend, ob sie nun Träume als eine Form der Erziehung oder als einen Weg ansieht, auf dem man unnötige Informationen loswird. Manche Theorien sind überzeugender als andere, aber alle regen dazu an, dieses faszinierende Thema weiter zu erforschen. Dieses Buch soll Sie in dem Versuch bestärken, die Bilder und Symbole in Ihren Träumen zu deuten und sich selbst besser zu verstehen. Es kann manchmal so aussehen, dass Sie immer weniger wissen, je mehr Sie lernen. Vielleicht können Sie mit der Technik des leeren Stuhls gar nichts, dafür aber mehr mit Delaneys Interviews oder mit Ann Faradays Glaswelt anfangen – oder umgekehrt. Oder Sie möchten mehr darüber wissen, wie Sie Erfahrungen außerhalb des Körpers machen können und welche Aufgaben Menschen im Schlaf erfüllen können. Auch wenn wir das Geheimnis der Träume weder wissenschaftlich noch rational völlig ergründen können, bleibt es doch eine aufregende Reise.

WAS IST EIN TRAUM?

Was sind Träume und warum träumen wir? Warum haben wir manchmal Albträume? Warum wiederholen sich manche Träume? Warum träumen manche Menschen in Schwarzweiß? Warum können manche sich an ihre Träume erinnern und andere nicht? Was passiert mit unserem Körper, wenn wir träumen? Träumen Tiere auch? Wir wissen, wann wir träumen und wie lange. Wir wissen auch, was Menschen für gewöhnlich träumen. Aber trotz unzähliger wissenschaftlicher Mutmaßungen und Experimente sind wir uns immer noch nicht darüber einig, woraus Träume eigentlich bestehen und was ihre Aufgabe ist.

Was sind Träume?

Die innere Uhr
Die Physiologie des Menschen hat sich dem regelmäßigen Wechsel von Licht und Dunkel angepasst.

Seit Jahrtausenden beschäftigen sich Wissenschaftler und Schriftsteller mit der Frage, was Träume sind. Dabei sind unsere Traumerlebnisse einzig von unseren individuellen Lebensgeschichten, Gefühlen oder Beobachtungen geprägt. Wir wissen, dass Erfahrungen oder Erinnerungen in Träumen auf ein einziges oder nur wenige Symbole reduziert werden, die dem Träumer während des Traums glaubhaft und verständlich erscheinen. Nur im Wachzustand fällt es uns schwer, die in Symbolen empfangenen Botschaften zu verstehen.

Der zirkadianische Rhythmus

Unser Körper hat eine innere Uhr, die sich nach der Erdumlaufbahn um die Sonne richtet und damit den täglichen Hell-Dunkel-Wechsel kennt. Diese innere Uhr – auch zirkadianischer Rhythmus genannt – belebt uns bei Tag und macht uns nachts müde. Blutdruck, Stoffwechsel, Verdauung, Hormone – alle Körperfunktionen richten sich nach dieser Uhr. Alles, was den zirkadianischen Rhythmus stört, stört auch unseren Schlaf.

Gesunder Schlaf

Schlafen ist gesund. Im Schlaf produziert unser Körper Wachstumshormone, die er nicht nur zum Wachstum, sondern auch zur Zellerneuerung braucht. Wer unter Schlafstörungen leidet, neigt auch zu Gemütsschwankungen. Wissenschaftliche Untersuchungen haben ergeben, dass es genauso wichtig ist zu träumen wie zu schlafen. Für eine Untersuchungsreihe hat man einige Testpersonen immer dann geweckt, wenn sie anfingen zu träumen. Am ersten Tag fiel es allen schwer, sich bei der Arbeit zu konzentrieren, am zweiten Tag konnten sie Gelerntes nicht behalten und am dritten und vierten Tag wurden sie immer gereitzter. Einige klagten darüber, dass sie sich krank fühlten, andere hatten Halluzinationen. Als man ihnen wieder erlaubte, die Nacht durchzuschlafen, hatten sie viel mehr Träume als sonst und gewannen in der folgenden Woche ihre Lebenskraft zurück. Gestressten und deprimierten Menschen ergeht es ähnlich. Klinische Studien mit geschiedenen Frauen ergaben, dass diejenigen, die unter Depressionen litten, eine längere REM-Phase (mit raschen Augenbewegungen) brauchten als andere. Diese scheint gestressten Menschen zu helfen, sich einer Situation schneller anzupassen.

Zusatzinformation

Wussten Sie, dass Sie bei einem Problem unbedingt schlafen *sollten?* Menschen, die am nächsten Tag vor Herausforderungen stehen, verbringen nachts mehr Zeit im REM-Zustand.

Das Phänomen Schlaf
Im REM-Schlaf zeichnet ein Elektroenzephalograf (EEG) Signale des Gehirns auf, die denen ähneln, welche es auch bei hoher Konzentration aussendet.

SCHLAFEN UM ZU TRÄUMEN?

Das menschliche Gehirn produziert zwei chemische Stoffe – Serotonin und Noradrenalin –, mit deren Hilfe Nervenimpulse zum Gehirn und innerhalb des Gehirns weitergeleitet werden. Man nimmt weiter an, dass diese beiden Stoffe auch zur Regulierung der Körpertemperatur und für Gehirnfunktionen wie Lernen und Aufmerksamkeit gebraucht werden. Bezeichnenderweise nimmt die Konzentration beider Stoffe im Schlaf ab, besonders im REM-Schlaf. Der Körper kann also weniger Signale von außen an das Gehirn weiterleiten, und da das Gehirn keine großen Mengen dieser Stoffe produzieren muss, kann es sich ausruhen und erholen.

Schlafstadien

Es gibt vier Schlafstadien, die sich nachts in Zyklen von 60–90 Minuten wiederholen. Jeder Zyklus schließt mit einer REM-Schlafphase ab.

Stadium 1
In dieser Phase rollen die Augen langsam. Die Phase dauert 1–10 Minuten.

Stadium 2
Das EEG registriert Niedrigfrequenzwellen von unter 2 Hz, unterbrochen durch EEG-Aktivitäten von 0,5–2 Sekunden.

Stadium 3 besteht aus langsamen EEG-Wellen, wird immer länger und beträgt bis zu 20–50% des Schlafzyklus.

Stadium 4
In dieser Phase überwiegen langsame EEG-Wellen. Wir bewegen uns allmählich zurück in den REM-Schlaf.

REM-Schlaf
Gehirntemperatur und Sauerstoffzufuhr sind erhöht. Die Herzfrequenz schwankt, die Atmung ist unregelmäßig.

Typisch für den REM-Schlaf ist schnelle Augenbewegung hinter geschlossenen Lidern.

Die Herzfrequenz schwankt, der Atem ist unregelmäßig.

Im REM-Schlaf bewegt sich der Körper nur selten.

Traumdebatte

Es gibt eine interessante Diskussion über die Rolle von Serotonin im Schlaf. Man nimmt an, dass es halluzinatorische Erlebnisse unterdrückt. Daraus schließt man, dass durch seine bewusste Reduzierung im Schlaf die Chance zu träumen größer wird. Man könnte daraus weiter schließen, dass man nur schläft, damit man träumen kann.

Die Schlafrhythmen

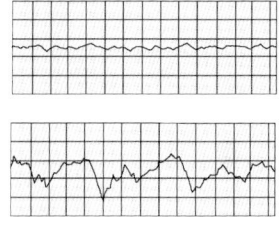

Gehirnwellen
Das obere Diagramm zeigt die Welle eines Gehirns im Wachzustand, das untere die Gehirnwelle der gleichen Person im REM-Schlaf.

Ihr Schlaf folgt Forschungen zufolge jeder Nacht einem bestimmten Muster – egal ob Sie einen tiefen oder leichten Schlaf haben oder sogar unter Schlaflosigkeit leiden.

Jeder Mensch durchläuft vier Schlafstadien. Das wurde von Wissenschaftlern festgestellt, die Gehirnwellen und andere physiologische Aktivitäten maßen. Während der ersten zehn Minuten ist man in einem Dämmerzustand, weder bei Bewusst- noch Unbewusstsein. In der ersten Stunde driftet man dann immer tiefer durch die Stadien, bis man Stadium vier erreicht.

In dieser Schlafphase ist man am entspanntesten und hat den tiefsten Nachtschlaf. Die Herzfrequenz ist niedrig, der Atem langsam und regelmäßig. Blutdruck und Körpertemperatur haben abgenommen. Es gibt praktisch keine Bewegung mehr, und die elektrischen Impulse des Gehirns sind stark reduziert. Nach mindestens 45 Minuten Schlaf geht die Reise in die entgegengesetzte Richtung. Man bewegt sich durch die Stadien zurück bis man wieder das erste Stadium erreicht hat. Dabei verändert der Körper meist seine Lage. Puls und Atem werden schneller, der Blutdruck steigt. Man wird fast wach, die Gehirnwellen bewegen sich wie im Wachzustand, und doch ist man oft schwerer zu wecken, als man es im Stadium vier war.

Paradoxer Schlaf

Der Wiedereintritt in die erste Schlafphase wird oft „paradoxer Schlaf" genannt, weil er unlogisch zu sein scheint. Bekannter ist die Bezeichnung „Rapid Eye Movement" oder REM-

Schlaf. In dieser Phase werden hinter den geschlossenen Lidern schnelle Auf-, Abwärts- und Seitenbewegungen des Auges beobachtet, als ob es eine Handlung verfolgte. In dieser REM-Phase träumen wir. Es sind aber auch Non-REM-Träume bekannt. Die erste REM-Phase dauert meist nur 5–10 Minuten, doch die meisten danach geweckten Testpersonen berichteten von besonders lebhaften Träumen.

Dann wechseln sich Non-REM- und REM-Schlafphasen in einem Zyklus ab, der eine bis eineinhalb Stunden dauern kann und sich vier bis siebenmal in der Nacht wiederholt. Dabei werden die Tiefschlafphasen immer weniger tief und die REM-Phasen demzufolge immer länger. Die längste REM-Phase haben wir schließlich, kurz bevor wir wach werden.

Zusatzinformation

Ein Mensch verbringt im Durchschnitt 20–25 Jahre seines Lebens im Schlaf und davon 5–7 Jahre im Zustand des REM-Schlafes.

DAS GEHIRN UND DIE TRÄUME

Unser Gehirn ist in zwei Hälften unterteilt, die in der Mitte durch Nervenstränge miteinander verbunden sind. Die linke Gehirnhälfte ist für analytisches und rationales Denken sowie für das Kommunizieren zuständig und steuert die rechte Hälfte des Körpers. Die rechte Gehirnhälfte steuert die linke Hälfte des Körpers und ist für Intuition und Vorstellungskraft zuständig.

Magie
In der rechten Gehirnhälfte ist die Vorstellungskraft daheim, die z. B. Farbmuster analysiert und auch Gesichter wiedererkennt.

Logik
In der linken Gehirnhälfte ist das logische Denken zu Hause. Damit entwickeln wir vor allem unsere sprachlichen Fähigkeiten.

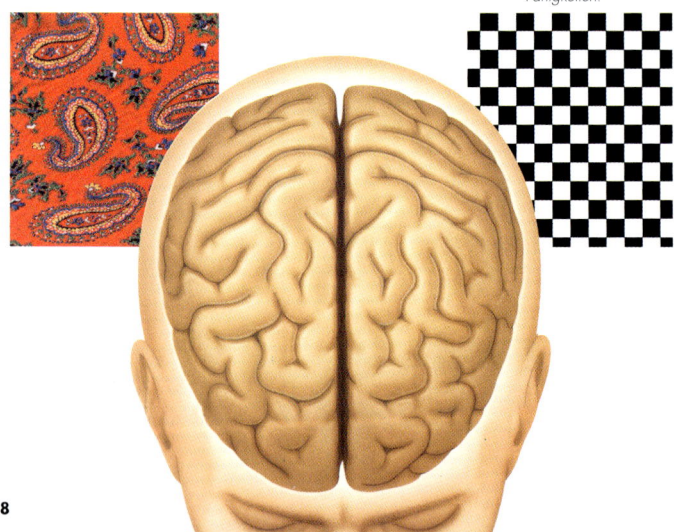

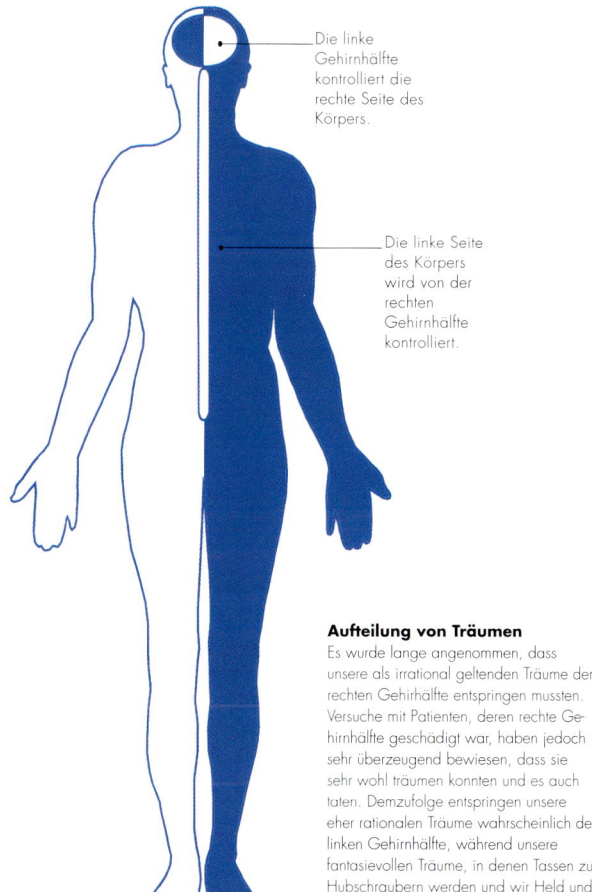

Die linke Gehirnhälfte kontrolliert die rechte Seite des Körpers.

Die linke Seite des Körpers wird von der rechten Gehirnhälfte kontrolliert.

Aufteilung von Träumen

Es wurde lange angenommen, dass unsere als irrational geltenden Träume der rechten Gehirnhälfte entspringen mussten. Versuche mit Patienten, deren rechte Gehirnhälfte geschädigt war, haben jedoch sehr überzeugend bewiesen, dass sie sehr wohl träumen konnten und es auch taten. Demzufolge entspringen unsere eher rationalen Träume wahrscheinlich der linken Gehirnhälfte, während unsere fantasievollen Träume, in denen Tassen zu Hubschraubern werden und wir Held und Schurke zugleich sind, der rechten Hälfte.

Der Theta-Rhythmus

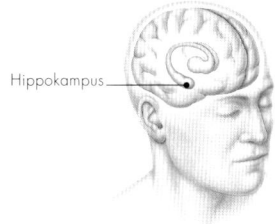

Datenspeicher
Der Hippokampus liegt in den Schläfenlappen. Er spielt eine wesentliche Rolle bei der Entwicklung von Emotionen und des Gedächtnisses.

Wenn wir im REM-Schlaf träumen, sind wir so gelähmt, dass wir die geträumten Bewegungen nicht wirklich ausführen. Doch haben Wissenschaftler entdeckt, dass das Gehirnwellenmuster des Theta-Rhythmus, das normalerweise zusammen mit Überlebensmechanismen auftritt, auch beim Träumen erscheint.

Der Hippokampus

Der amerikanische Forscher Jonathon Winson schließt daraus, dass der Theta-Rhythmus im Hippokampus entsteht, in dem das Gehirn Erinnerungen speichert und verarbeitet. Er nimmt an, dass der Hippokampus zu dem System gehört, mit dem während des REM-Schlafs überlebenswichtige Informationen aufgenommen und ins Gedächtnis eingearbeitet werden. Winson schließt daraus, dass im Traum ohne jede Ablenkung Überlebensstrategien geprobt werden. Da der Hippokampus zum Kurzzeitgedächtnis gehört und Erinnerungen ins Langzeitgedächtnis überträgt, glaubt er, dass genau das beim Träumen passiert.

Neuronaler Tormechanismus

Winson nimmt weiter an, dass durch den „neuronalen Tormechanismus" chemisch aktive Neurotransmitter in bestimmte Teile des Gehirns – unter andem in den Hippokampus – hineingelassen oder auch ausgesperrt werden können. Im Schlaf öffnen sich alle „Tore" und lassen diese Transmitter in den Hippokampus ein. Bei Einsetzen des REM-Schlafs sind sie weit offen, die Theta-Rytmen werden deutlich und die

Gedächtniskonsolidierung beginnt. Nach Winsons Theorie muss man seine Erinnerungen mindestens drei Jahre lang „träumen", bis sie vom Kurzzeit- ins Langzeitgedächnis übertragen sind. Aber selbst Winson gibt zu, dass auf unser Gehirn dann so groß sein müsste, dass man es nur mit einer Schubkarre transportieren könnte.

Winsons Theorie ist aber dennoch interessant: Seine Untersuchungen ergaben, dass ein 24 Wochen alter Fötus sich ständig im REM-Schlaf befindet, während ein Neugeborenes 60–70 % der Zeit in diesem Zustand verbringt. Daraus kann man schließen, dass der Säugling den REM-Schlaf braucht, um sein Gehirn so schnell wie möglich zu entwickeln und sich so an seine neue und fremde Umgebung anpassen kann.

Zusatzinformation

Der französische Wissenschaftler Michel Jouvet fand eine Methode, die körperliche Lähmung einer Katze im REM-Schlaf „abzuschalten", die daraufhin den Vogel, von dem sie träumte, tatsächlich „jagte", tötete" und „fraß".

GEDÄCHTNISKONSOLIDIERUNG

Um zu erklären, warum wir nicht mit übergroßen Gehirnen herumlaufen, in denen wir unsere Erinnerungen speichern können, spricht Jonathon Winson von einem „phyletischen Gedächtnis". Er behauptet, dass Träume unsere neuen Erinnerungen im Licht des Langzeitgedächtnisses beleuchten und dann alle unnützen Informationen ablehnen und die wichtigen speichern. Das phyletische Gedächtnis kann heute mit C. G. Jungs Theorien über das kollektive Unterbewusstsein verglichen werden. In Träumen werden neue Erinnerungen mit dem bereits vorhandenen Kernwissen im Langzeitgedächtnis verglichen, das zum Teil bereits aus der primitiven Vorzeit stammen kann. Die Entwicklung des menschlichen Bewusstseins setzt bereits viel früher ein. Es ermöglicht uns, im Wach- und im Schlafzustand die Gegenwart im Licht vergangener Erfahrungen zu betrachten.

Der prähistorische Mensch
Es wird allgemein angenommen, dass es zuerst den SWS (Slow-Wave-Schlaf) gab, der sich später bei den Warmblütern des Tierreichs zum REM-Schlaf entwickelte.

Großes Gehirn

Zur Stützung seiner Theorie führt Winson gern den Schnabeligel (echidna) an, der ein für seine Körpergröße unverhältnismäßig großes Gehirn hat und keinen REM-Schlaf kennt. Er folgert daraus, dass der Igel ein größeres Gehirn braucht, weil er keine Träume hat, mit denen er all die Informationen speichern könnte, die er ein Leben lang zum Überleben braucht.

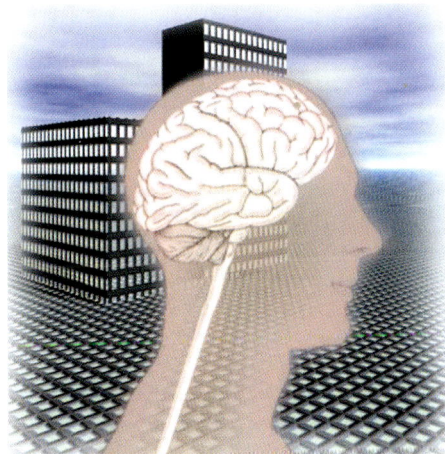

Mensch der Gegenwart

Nach Winsons Echidna-Theorie (s. oben) ist der REM-Schlaf für den Menschen der Ausweg, sein Gehirn auch dann noch weiterzuentwickeln, wenn ihm durch die Kopfgröße bereits Grenzen gesetzt sind.

Kreative und prophetische Träume

Inspiration für eine Oper
1856 vertraute Wagner seinem Freund Liszt an, dass er an der Oper „Tristan und Isolde" arbeitete, einer Darstellung seiner unerfüllten Liebesträume.

Träume sind und waren echte Goldgruben für kreative Inspiration. Wir alle träumen und haben im Traum auch die Fähigkeit, märchenhafte Erzählungen zu weben. Beim Aufwachen verlieren wir die Fäden aber sehr schnell wieder. Man braucht wohl Genialität, um mit diesem Funken ein Feuer entfachen zu können, denn für viele Wissenschaftler, Musiker und Dichter waren Träume eine schöpferische Quelle für ihre Meisterwerke.

Literarische Träume
Die Schriftstellerin Mary Shelley behauptete, dass ihr Roman *Frankenstein* auf einem Traum basiere, und Robert Louis Stevenson, dass er zum Doppelleben seiner Figuren Jekyll und Hyde durch einen Traum inspiriert wurde. Samuel Taylor Coleridge träumte das ganze Gedicht *Kubla Khan* und begann nach dem Aufwachen sofort mit der Niederschrift. Leider wurde er von einem Besucher dabei gestört und seine Vision löste sich mit dem Rest des Gedichts in Nichts auf.

Von Graham Greene wird berichtet, dass er kurz vor dem Schlafengehen über die Handlung des Buches, an dem er gerade schrieb, nachdachte und dann in seinen Träumen neue Einblicke in Personen und Handlung bekam. Der Dichter William Wordsworth sprach ständig von seinen Träumen und deren kreativer Inspiration. Er glaubte daran, dass er in seinen Träumen von Besuchern aus der geistigen Welt geführt wurde. Die Schriftsteller Stephen King und Clive Barker wurden beide durch ihre Träume zu ihren populären Horrorgeschichten inspiriert.

Prophetische Träume

Auch von prophetischen Träumen gibt es zahlreiche Berichte. Einige Tage vor seinem Tod träumte Julius Cäsars Frau von seiner Ermordung. Was wäre wohl passiert, wenn er darauf gehört hätte? Wenige Tage vor seiner Ermordung sah der amerikanische Präsident Abraham Lincoln im Traum seinen eigenen Sarg im Weißen Haus stehen. Im ersten Weltkrieg sprang der spätere Diktator Adolf Hitler kurz bevor er bombadiert wurde aus dem Schützengraben, nur weil er vorher davon geträumt hatte.

Zusatzinformation

Sir Paul McCartney, früheres Mitglied der Beatles, gestand einst, dass er die Melodie des Lieds *Yesterday* – eine seiner berühmtesten Kompositionen – geträumt hatte.

Zauberei mit Material
Die Erfindung der mechanischen Nähmaschine war der technische Durchbruch für die Herstellung von Konfektionskleidung.

KREATIVITÄT IN DER INDUSTRIE

Einer der berühmtesten Träume ist der von Elias Howe, dem Erfinder der Nähmaschine. Howe träumte, dass er von Kannibalen gefangen und in einen riesigen, mit Wasser gefüllten Kochtopf geworfen wurde, in dem er lebendig gekocht werden sollte. Das Wasser hatte seine Fesseln gelockert, doch immer wenn er versuchte, aus dem Topf zu klettern, stießen ihn die Kannibalen mit Speeren zurück, deren Enden eigenartige Löcher hatten. Als Howe aus dem Albtraum erwachte, erinnerte er sich an die Speere und wusste, dass er damit im Traum die Lösung für eine schnellere, leistungsfähigere und präzisere Nähmaschine gefunden hatte: Ein Loch in der Nadel, durch das man den Faden ziehen konnte.

In seinem Traum sollte Elias Howe lebendig gekocht werden.

Welt der Schatten

Für den Analytiker und Jung-Schüler Jeremy Taylor ist Howes Traum ein perfektes Beispiel für die kreativen Fähigkeiten von Träumen aus der Welt der Schatten. Howes Kannibalen symbolisieren die Schattenwelt, die für das Tagesbewusstsein tief verborgen, dunkel, gefährlich und erschreckend ist. Dieses Unbewusste beinhaltet jedoch alles, was wir uns sehnlichst wünschen, und wenn man die oftmals erschreckende Maske entfernt, werden diese Wünsche auch dem Bewusstsein offenbart.

Maßgeschneidert

Elias Howe (1819–1867) ließ 1846 seine Doppelstichnähmaschine patentieren. Mit 250 Stichen in der Minute war sie fünfmal schneller als eine erfahrene Näherin mit der Hand.

Die Löcher in den Speeren der Kanibalen lösten Howes Problem.

Bedeutungsebenen

Wortspiel
Träume sind voller Wortspiele und Rätsel: Kann ein Korb voller Eier bedeuten, dass Sie Ihre Ideen in nur einen Korb gelegt haben?

Unser Unterbewusstsein ist einfallsreich und verspielt. Es bedient sich im Traum verschiedener Metaphern, Symbole, Wortspiele und Rätsel, um unser Bewusstsein zu reizen, zu verblüffen und neugierig zu machen. Unsere Träume mögen zuerst unergründlich erscheinen, doch mit etwas Übung können wir ihre Botschaften schnell entschlüsseln. Wenn wir erst einmal gelernt haben, die Sprache unserer Träume zu verstehen, können wir auch die komplexesten Rätsel leicht lösen und in unsere Sprache übersetzen.

Wir sehen, was wir bekommen

Sie können im Traum Ungelöstes vom Tag verarbeiten. Wenn Sie sich z. B. am Tag zuvor bei der Arbeit sehr verletzt und allein gefühlt haben, weil vielleicht ein Projekt fehlgeschlagen ist, mit dem Sie sich viel Mühe gegeben haben, kann es sein, dass Sie im Traum allein im Dunkeln vor einem Haus sitzen, in dem sich viele Menschen amüsieren. Sie frieren, haben Hunger und einen Korb voller Eier, aber keine Möglichkeit, sie zu kochen.

Vordergründig erleben Sie noch einmal Isolation und Einsamkeit, aber bei näherem Hinsehen entdecken Sie die versteckten Wortspiele und Metaphern. Sie sind draußen in der Kälte, weil Ihr Projekt abgelehnt wurde. Kann es sein, dass Sie alle Eier in nur einen Korb gelegt haben? Haben Sie Ihren ganzen Glauben in das eine Projekt gesteckt? Von anderen Essenden zu träumen und selbst nichts zu haben, lässt vermuten, dass Sie einen Mangel an geistiger, emotionaler und intellektueller Nahrung verspüren. Könnte es daran liegen, dass Sie sich selbst von den anderen abgetrennt haben? Tappen Sie buchstäblich „im Dunkeln"?

Sie sehen, das Unterbewusstsein hat unendlich viele Tricks und Strategien auf Lager, um eine Botschaft in unser Tagesbewusstsein zu übertragen.

Verschiedene Verpackungen

Träume können uns auch in jeder Nacht die gleiche Botschaft übermitteln, nur immer in einer anderen Verpackung. Unser Unterbewusstsein wählt ein Symbol für ein bestimmtes Problem. Wenn wir nicht sofort verstehen, wird es das gleiche oder ein ähnliches Symbol in den nächsten Traum einarbeiten, um uns mit einer anderen Geschichte die gleiche Botschaft zu übermitteln.

Zusatzinformation

David Fontana spricht von drei Bedeutungsebenen: der nicht-symbolischen, der sachlich-symbolischen und der höher symbolischen, wobei letztere Carl Gustav Jungs großem Traum von der Erweiterung des Bewusstseins und der Sensitivität entspricht (s. S. 52–53).

TRÄUME IM LAUF DER GESCHICHTE

Im Laufe der Geschichte haben sich die Menschen immer wieder bemüht, ihre Träume zu deuten. Der griechische Philosoph Aristoteles glaubte, dass Träume ein Anzeichen für Krankheiten seien, während die Ägypter, Römer und Juden sie für Botschaften der Götter hielten. Die Chinesen glaubten, die Träume seien Botschaften aus einer anderen Welt. Japanische Herrscher suchten in ihren Träumen sogar politische Führung. Darum wurde im japanischen Königspalast ein Spezialbett aufgestellt, ein „Brutkasten" für Träume. Das 19. Jahrhundert bescherte uns mit den Psychoanalytikern Sigmund Freud und Carl Gustav Jung völlig neue Trauminterpretationen. Andere einflussreiche Traumdeuter wie Fritz Perls, Medard Boss und Alfred Adler brachten ihre Vorstellungen von Gestalt, Existenzialismus und Minderwertigkeitskomplexen ein.

Fernöstliche und westliche Traumdeutung

Gott der Träume
Bes, der Gott der Träume im antiken Ägypten, wurde in eigens für ihn errichteten Traumtempeln verehrt.

Seit frühester Zeit waren die Menschen von ihren Träumen fasziniert und hinterließen schriftliche Zeugnisse ihrer Traumforschung und Schlussfolgerungen über deren Bedeutung. Der assyrische König Assurbanipal (668–626 v. Chr.) hatte in seiner Bibliothek viele Bücher mit Traumdeutungen und eine Aufzeichnung seiner persönlichen Träume, die später für den Griechen Artemidorus die Hauptquelle für seine *Oneirocritica*, einer Arbeit über Traumdeutung, war. Für die Assyrer waren Träume die Arbeit böser Geister, die den Schlafenden heimsuchten. Es konnte sich dabei um Verstorbene handeln, die der Träumer gekannt hatte, oder um böse Geister der Unterwelt. Sie waren die Wurzel jedes guten oder schlechten Traums.

Das doppelte Haus

Die Ägypter nahmen Traumdeutung sehr ernst. Besondere Tempel *(serapea)* wurden dem ägyptischen Gott der Träume geweiht und die darin wohnenden Priester waren Traumdeuter. Diese Schriftgelehrten des „doppelten Hauses" versuchten als Erste, Träume bewusst einzuleiten. Potenzielle Träumer bekamen einen Kräutertrank, der ihnen helfen sollte einzuschlafen. Wenn sie am nächsten Morgen aufwachten, mussten sie den Priestern ihre Träume erzählen, die dann deren Bedeutung interpretierten.

Für die Ägypter waren Träume Anleitung und Beratung. Sie halfen ihnen, die Zukunft vorauszusagen, vor Gefahren zu warnen oder Fragen zu beantworten. Sie schlugen sogar schon vor, Träume in Gegensätzen zu deuten. Sie meinten, dass Träume vom Tod eigentlich vom Leben handelten.

Vedische Träumer

In den *Veden*, den 1500–1000 v. Chr. entstandenen heiligen Schriften Indiens, gibt es Beweise, dass indische Philosophen die verschiedenen Schlafstadien bereits kannten – Jahrtausende bevor William Dement, Eugene Aserinsky und Nathaniel Kleitman in den 1950er Jahren den REM-Schlaf entdeckten.

Zusatzinformation

Das Traumdeutungssystem der Juden basiert auf dem Modell der Ägypter, aber es berücksichtigt dabei auch die Geschichte, den Charakter und die finanzielle, soziale und wirtschaftliche Situation des Träumers.

Traum von Maja
Ein Traum von der Geburt Buddhas und von seiner Erleuchtung.

BEWUSSTSEIN

Anders als die Ägypter sahen die Chinesen in den Träumen Botschaften aus einer anderen Welt, die der Schlafende deuten und in dieser Welt zu seinem Vorteil nutzen konnte. Die Chinesen glaubten, dass die Seele *(Hun)* den Körper im Schlaf verlassen kann und dass geistige Wesen, Götter oder die Seelen Verstorbener im Traum mit dem Schläfer kommunizieren, um ihn auszubilden. Wie die Ägypter und die Griechen praktizierten auch die Chinesen und Inder die Inkubation von Träumen (siehe S. 218). Die Inder beschäftigten sich dabei mit den verschiedenen Bewusstseinsebenen, die im Traum sichtbar werden. Für sie gab es zwei Ebenen, eine in dieser Welt — der Welt der Erfahrungen — und eine in der jenseitigen Welt – der Welt des Wissens. Die dazwischen angesiedelte Traumwelt war für sie realer als die des Tagesbewusstseins, da in der Traumwelt die beiden anderen wahrgenommen werden, ohne dass sie zu einer von ihnen gehört.

Traumkrieger
Der schlafende Krishna träumt von einer Inkarnation als Vishnu, dem Gott des Krieges und der Zerstörung

Weise Erleuchtung
Träume sind nicht nur fantasievolles „Heimkino", sie fördern auch Weisheit und Erleuchtung. Dieses Gemälde (ca. 1590) zeigt einen schlafenden Riesen aus einem persischen Epos.

Griechische Traumdeuter

Träume als Medizin
Hippokrates gilt als erster Autor, der Träume aus medizinischer Sicht niederschrieb.

Die Griechen

Wie alle anderen griechischen Philosophen waren auch Hippokrates, Platon und Aristoteles von Träumen fasziniert. Hippokrates (460–377 v. Chr.) glaubte an deren therapeutische Aufgabe. Er war sich sicher, dass Träume „prodromale" Signale waren, die den Träumer vor bevorstehenden Krankheiten warnten.

Er behauptete, dass – wenn das Gehirn nicht mehr den Reizen von außen ausgesetzt ist – es aufnahmefähiger wird für Anzeichen von Unstimmigkeiten und Schmerzen, die innerhalb des Körpers wahrzunehmen sind. Im Traum wird dem Schläfer dieses Unbehagen mitgeteilt. Zahlreiche Traumanalytiker nach ihm sahen das genauso.

Platon (426–348 v. Chr.) war eher ein Vorläufer von Freud und Jung, denn er glaubte, dass Träume die wahre Natur des Menschen offenbaren, Produkte des Unterbewusstsein sind und daher die geheimen Wünsche symbolisieren, die im Tagesbewusstsein unterdrückt werden. Er lehnte es ab, wie

Die Griechen stützten sich in ihrer Traumdeutung weitgehend auf die ägyptischen, assyrischen und jüdischen Analytiker. Dennoch deuteten sie die Symbole anders als die Ägypter, wenn sie auch wie diese glaubten, dass Träume göttliche Botschaften seien. Sie praktizierten ebenfalls die Inkubation. Tempelbesucher bekamen einen Kräutertrank zum Einschlafen und Hilfe bei der Deutung. Dabei wurde besonderes Gewicht auf die Prognose der physischen und spirituellen Gebrechen gelegt.

Hippokrates zu glauben, dass Träume göttliche Inspirationen seien, ging jedoch wie er davon aus, dass astrologische Einflüsse eine Rolle spielen.

Platons Schüler Aristoteles (384–322 v. Chr.) schrieb drei Bücher über Traumdeutung. Er vertritt die These, dass Träume einzig und allein das Produkt physiologischer Vorgänge sind. Wie Hippokrates nahm er an, dass Träume Anzeichen bevorstehender Krankheiten sein könnten oder dem Träumer auf diese Weise mitgeteilt wird, dass sein Körper sich unwohl (z. B. zu kalt oder zu heiß) fühlt. Auch glaubte er, dass Schlaf und Essen unmittelbar zusammenhängen. Er behauptete, dass nach einer Mahlzeit die aufgenommene Nahrung Dämpfe absondere, die langsam in den Kopf vordringen, schläfrig machen und dann den Schlaf verursachen.

Zusatzinformation

Asklepios, dem griechischen Gott der Medizin, wurden seit 1000 v. Chr. mehr als 300 Tempel geweiht, in denen Trauminkubation praktiziert wurde.

Traumchronist
Artemidoros war der erste Traumdeuter, der eine bedeutungsvolle Sammlung von Träumen und ihren Deutungen veröffentlichte.

ARTEMIDOROS

Der griechische Sophist Artemidoros war wohl der einflussreichste Traumdeuter der Antike. Im 2. Jahrhundert n. Chr. bereiste er das griechisch-römische Reich und stellte eine umfangreiche Sammlung von Schriften und Traumbeispielen zusammen. Er veröffentlichte sie in der *Oneirokritika*, einem fünfteiligen Traumbuch.

Traumgottheiten
Von Göttern übermittelte Träume sollten den Träumer für sein Leben ausbilden und anleiten.

Ein moderner Mann

In vielerlei Hinsicht ging Artemidoros auf sehr moderne Weise mit Träumen um. Als Erster bestand er darauf, dass Träume nur dann verstanden und richtig gedeutet werden können, wenn man dabei den Charakter und den Beruf des Träumers berücksichtigt und vor allem die Lebensumstände, in denen geträumt wird. Er glaubte, dass Träume Geschenke der Götter seien, die uns informieren und anleiten sollen. Er beschäftigte sich intensiv mit wiederkehrenden Träumen und kam zu dem Schluss, dass in jedem Traum Assoziationen eine Schlüsselrolle spielen. Er warnte auch vor einer allzu oberflächlichen oder wörtlichen Übersetzung der Träume, denn Träume arbeiten oft mit Wortspielen, Bildassoziazionen und Metaphern. Artemidoros kam bereits Jahrtausende vor C. G. Jung zum gleichen Schluss. Auch er spricht vom „großen Traum", einem Traum von grundlegender Bedeutung. Dieser ist zwar nur schwer zu deuten, aber der Träumer wird sich ein Leben lang daran erinnern.

Ein spiritueller Ansatz

Das Pendel
Ayurvedische Ärzte glauben an drei Gemütszustände, die in wechselndem Verhältnis vorhanden sind: Lethargie, Intelligenz und Frische.

Es ist faszinierend, wie unterschiedlich die spirituelle Sichtweise der verschiedenen Kulturen im Umgang mit Träumen ist. Beim Ayurveda, der alten indischen Medizin oder „Lebensweisheit", geht man davon aus, dass jeder Mensch aus einer eigenen Kombination der Elemente Erde, Feuer, Wasser, Luft und Äther besteht. Er wird mit diesen Elementen schon bei der Empfängnis ausgestattet und in dem Maße von ihnen beherrscht, wie er sie zu gleichen Teilen von Vater und Mutter erbt. Je nach Mischung dieser Elemente ist er dann von seiner Natur her einer der drei *doshas* oder Konstitutionstypen: *kapha*, *pitta* oder *vata*. Der Geist schwingt wie ein Pendel zwischen den drei Gemütszuständen oder *gunas*: *tamas* (Trägheit), *sattva* (Wissen, Intelligenz, Reinheit) und *rajas* (Frische, Arroganz, Arroganz oder Zorn). Um sich wohl zu fühlen, muss man ein gesundes Gleichgewicht dieser Zustände erhalten.

Ayurvedische Ärzte haben beobachtet, dass *Kapha*-Typen, bei denen die Elemente Wasser und Erde überwiegen, oftmals auch von Wasser träumen – von Flüssen, Seen, Wasserfällen – sowie von Vögeln und Blumen, die dem Wasser verbunden sind, wie Schwäne oder Lotusblumen. *Pitta*-Typen, deren vorherrschendes Element das Feuer ist, träumen von Feuer, Blitz, Donner und Licht und sehen alles in leuchtenden Farben. *Vata*-Typen mit den vorherrschenden Elementen Luft und Äther träumen vom Fliegen, von Bergen und verlassenen trockenen Orten wie Wüsten oder von Pflanzen wie Kakteen.

Wenn Sie nun einen störenden Traum haben, ist er für den ayurvedischen Arzt das Anzeichen einer bevorstehenden Krankheit. Er diagnostiziert eine Disharmonie der *rajas*. Ein sexueller Traum weist auf ein Ungleichgewicht des Geistes hin und bei Mord, Selbstmord oder Tod schließt er auf die Entstehung einer physischen Krankheit.

Mohammed und Träume

Islamische Traumdeutungen sind unterschiedlich. Für den Schriftsteller Mas'adi war der Traum vor allem das Werk der Seele. Mohammed hielt hingegen daran fest, dass in den Träumen Gott mit den Menschen rede. Der islamische Ansatz ähnelt dem der christlichen Tradition, nur dass nach islamischem Glauben einzig die Mullahs weise und würdig genug sind, Träume zu deuten.

Zusatzinformation

In der islamischen Tradition hatte ein angesehener Mann nicht zu träumen, da seine Frau, Kinder oder Sklaven für ihn träumten und die für ihn bestimmten Botschaften weitergaben.

Sündige Träume

Der Reformator Martin Luther wurde von verführerischen Träumen geplagt und wandelte die bisherige Deutung der Träume als Werke Satans ab. Er sah sie in dem positiveren Licht, dass sie uns helfen können, indem sie uns mit unseren Sünden konfrontieren.

DIE CHRISTLICHE SICHT

In der frühen christlichen Tradition übernahmen die Traumdeuter (die immer auch Priester waren) zunächst den Ansatz, dass Träume von Gott gesandt waren, um die gehorsamen Menschen zu unterweisen und zu lenken. In der Bibel sowie in den Schriften des Hl. Augustinus und des Hl. Johannes Chrysostomos finden wir viele Hinweise darauf. Doch der Hl. Hieronymus (ca. 342–420) wurde von bösen Träumen heimgesucht und behauptete, dass sie das Werk des Teufels seien. Die Kirche übernahm seine Theorie und verurteilte sie als satanische Spielereien, die nicht ernst zu nehmen seien. Während der Reformation erlebte dieses Misstrauen Träumen gegenüber seine Blütezeit.

Der Traum des Hl. Hieronymus

Während einer fast tödlich verlaufenden Krankheit träumte Hieronymus, dass er vom Gericht Gottes ausgepeitscht wurde, weil er ein Anhänger des römischen Philosophen Cicero und kein wahrer Christ sei. Er schwor daraufhin, nie wieder heidnische Literatur zu lesen.

Die Jungfrau von Orléans

Jeanne d'Arc, die wahrscheinlich berühmteste aller christlichen Träumer(innen), wurde wegen Ketzerei auf dem Scheiterhaufen verbrannt, weil sie dem Glauben, dass ihre Visionen von Gott und nicht vom Teufel stammten, nicht abschwören wollte.

Sigmund Freud

Träume als Krankheitssymptome
Wie Hippokrates glaubte Freud, dass Träume Anzeichen drohender Krankheiten seien. Sie zeugten zwar von mentaler, nicht aber von physischer Gesundheit.

Im Jahr 1900 veröffentlichte der österreichische Psychoanalytiker Sigmund Freud (1856–1939) sein bahnbrechendes Werk *Die Traumdeutung*, mit dem Träume und ihre Deutung zu einem wichtigen Teil der Psychoanalyse wurden. Trotz vieler Kritik an seinen Methoden und Theorien und besonders an der Beharrlichkeit, mit der er am sexuellen Charakter der Träume und ihrer Symbole festhielt, muss man anerkennen, dass Freud mit seinem Buch die Würdigung unseres Geistes grundlegend verändert hat.

Die Gehirnmaschine

Freud verglich das Gehirn mit einer Maschine und behauptete, dass dessen komplexes Nervennetz wie eine Maschine elektrische Energie aufbaut. Um ordentlich funktionieren zu können, muss es die aufgestaute Energie wieder entladen, und genau das tut es beim Träumen. Freud glaubte, dass unsere Motivation durch Triebe gesteuert wird, wie durch den Selbsterhaltungstrieb oder den Sexualtrieb. Auch wenn sie im Unterbewusstsein angesiedelt sind, beherrschen sie doch unsere emotionalen Reaktionen. Er war der Ansicht, dass diese unbewussten Triebe zwar in Ordnung seien, nicht aber wenn die damit verbundenen Emotionen – vor allem in der Kindheit – enttäuscht oder bestraft und als Folge davon unterdrückt wurden. Freud meinte, dass diese verdrängten Gefühle nicht einfach verschwinden, sondern schlummernd auf eine Gelegenheit warten, wenn der bewusste Verstand die Handlungen des Menschen nicht kontrolliert – was beim Träumen der Fall ist. Im Traum werden also unterdrückte Gefühle und Verlangen ausgelebt. Dennoch überwacht das Bewusstsein die Situation und spielt die Rolle des „Zensors". So bezeichnet Freud den Teil des Verstands, der die wahre Bedeutung des Traums verschleiert, indem er Bilder umwandelt oder Bildassoziationen benutzt. Ohne diesen Zensor – sagt Freud – wären unsere Wunschträume dermaßen absonderlich und extrem, dass wir uns genötigt sähen, sofort wieder aufzuwachen.

Es, Ich und Über-Ich

Freud teilte die menschliche Persönlichkeit in Es, Ich und Über-Ich ein. Das Es steht für unser tierisches Verlangen, unseren Instinkten gemäß zu handeln statt uns nach dem sozialen Verhaltenskodex zu richten. Das Ich ist unser Bewusstsein, das zwischen dem Es und dem Über-Ich, unserem Gewissen, steht und rationale Entscheidungen trifft. Nach Freud kommt es immer dann zu psychologischen Problemen, wenn das Es oder das Über-Ich dominieren und damit Gefühle unausgedrückt bleiben.

Verbotene Früchte
Für die Christen war der Apfel das Symbol für Lust und Sexualität, die verbotene Frucht der Erkenntnis, die Eva Adam reichte.

FREUDS TRAUMSYMBOLIK

Freud glaubte, dass die Symbolhaftigket der Träume Teil einer universellen Symbolsprache sei. Er war der Ansicht, dass Psychologen diese Sprache lernen, mit ihr die Träume ihrer Klienten deuten und so die psychologischen Probleme lösen könnten, die diese Träume ausgelöst haben. Nach Freud haben Träume sowohl einen offenkundigen als auch einen verborgenen Inhalt. Der eine ist das Erscheinungsbild, der andere die eigentliche Bedeutung des Traums. Um diese zu erkennen, muss der Psychologe in der Lage sein, den verborgenen Inhalt und damit den vom Es ausgelösten Impuls zu erkennen. Zur Unterstützung dieser Arbeit entwickelte Freud die Technik der freien Assoziation, die zu einem der wichtigsten Werkzeuge in der Psychoanalyse wurde.

Unwirklich
Träume sind oft fantastisch, erscheinen dem Träumenden aber absolut logisch.

Träume im Lauf der Geschichte **Freuds Traumsymbolik**

Freie Assoziation

1 Um frei zu assoziieren, halten Sie sich ein bedeutendes Bild oder einen Aspekt Ihres Traumes vor Augen.

2 Welches Bild oder Wort kommt Ihnen als nächstes in den Sinn? Halten Sie es fest, ohne es weiter zu analysieren. Welches kommt als nächstes? Und danach? Und danach (z. B. blau, See, Fluss, Wasser, Spiegelungen, Wolken, Himmel, Vogel, Feder, Sumpf, Schlange, Biss, Zähne, Arzt...)?

3 Lassen Sie diese Bilderreihe zu, ohne sie zu beurteilen oder zu stören. Machen Sie so lange weiter, bis Sie zu einem Bild oder einer Vorstellung kommen, das oder die eine besondere Bedeutung für Sie hat.

4 Wenn das nicht passiert, gehen Sie zurück zum Anfangsbild des Traums und fangen Sie neu an. Oder nehmen Sie ein anderes Bild und assoziieren Sie von vorne.

Unbewusste Beschäftigung

Manche Träume sind so fantastisch, dass sie unergründlich zu sein scheinen. Dennoch spiegeln sie das Leben des Träumers und womit er sich unbewusst beschäftigt.

GEHEIME KÜNSTE

Alfred Adler

Der überlegene Mensch
Alfred Adler glaubte, dass Träume die Probleme des Träumers in seinem Streben nach Überlegenheit auf emotionale Weise lösen.

Der Wiener Analytiker Alfred Adler (1870–1937) arbeitete nach seiner Ausbildung zunächst als Augenarzt, bevor er zur Psychiatrie wechselte und Mitglied der Wiener Schule wurde. 1911 trennte er sich von seinem Landsmann Freud und erforschte die Psychologie des Ich auf eigene Weise. Er war schon früh Feminist und glaubte, dass die Rolle des Mannes von der Gesellschaft überbetont und die der Frau nicht genug beachtet wurde. Nur eine Beziehung mit gleichberechtigten Partnern hielt er für überlebensfähig.

Gemeinschaftsgefühl

Adlers Theorien basieren auf seiner sehr optimistischen Lebenseinstellung. Er glaubte, dass Menschen zum Wohle der Allgemeinheit harmonisch zusammenleben können und sah keinen Widerspruch zwischen dem Individuum und der Gesellschaft. Er meinte, dass je weiter sich ein Mensch entwickelt, er umso besser mit der Gesellschaft kommunizieren kann. Umgekehrt wächst der Mensch mit der Kommunikation, lernt von der Gemeinschaft und entwickelt sich weiter. Dieses Gemeinschaftsgefühl beschränkt sich nicht nur auf menschliche Beziehungen. Für Adler schließt es die gesamte belebte und unbelebte Welt mit ein, bis der Mensch eins wird mit dem Universum.

Der Minderwertigkeitskomplex

Für Adler ist jeder Mensch einzigartig. Er forderte, dass jeder seiner Aspekte – emotional, mental und physisch – im Licht der ganzen Person gesehen werden und nicht als ein gesonderter Teil von ihm. Adler meinte, dass die

Menschen sich nicht nur vom Verstand leiten lassen sollten, sondern auch von dem, was sie unbewusst für richtig halten – immer in dem Bestreben, ihr ganzes Potenzial zu entwickeln. Er machte die Beobachtung, dass der Mensch trotz seiner grundlegenden Wahlfreiheit oft durch ein vorhandenes oder gänzlich fehlendes Streben nach Überlegenheit daran gehindert wird, sie auszuüben. Er prägte für diese beiden Zustände die Begriffe „Machtstreben" und „Minderwertigkeitskomplex".

Anders als Freud behauptete Adler, dass Träume und die mit ihnen verbundenen Erfahrungen und Gefühle ins Tagesbewusstsein geholt werden können und sollen. Er glaubte, dass – wenn wir unsere Träume richtig deuten und verstehen – wir auch unsere Komplexe erkennen und erlösen können.

Zusatzinformation

Adler kann als ein früher Befürworter der psychosomatischen und ganzheitlichen Medizin gesehen werden, denn er setzte sich für die Einheit von Körper und Geist ein.

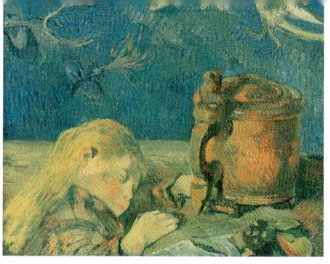

Kindheitserinnerungen
Um den Lebensstil eines Menschen einzuschätzen, hat Adler als Kernstück seiner Therapie die Analyse der Kindheitserinnerungen und der Träume entwickelt.

ADLER SIEHT DAS INDIVIDUUM

Da Alfred Adler an die Unteilbarkeit des Menschen glaubte, bestehen für ihn auch Träume aus dessen Gedanken, Gefühlen, Erinnerungen und Handlungen. Jedes Element mag zwar seine eigene Idiosynkrasie haben, aber weil alle Funktionen gemeinsam gesteuert werden, sagen Träume sehr viel über die psychologischen oder emotionalen Probleme eines Menschen aus. Adler glaubte, dass Kindheitserinnerungen – seien sie real oder eingebildet – den Glauben und die Gefühle des Träumers und seine Welt offenbaren.

Fürsorge der Gemeinschaft
Adler regte zu Rollenspielen in Gruppen an. Gruppenmitglieder übernahmen die Rollen von Eltern, Freunden, Geliebten oder Geschwistern, wobei Adler sie mit Anregungen und Ratschlägen begleitete. Dabei lernte der Klient, wie er sich selbst heilen konnte. Bei den anderen Gruppenmitgliedern wuchs das Gemeinschaftsgefühl, weil sie helfen und zur Entwicklung eines anderen beitragen konnten.

Rollenspiel

Für das zentrale Stadium einer Therapie schlagt Adler Rollenspiele vor. Der Klient wird darin ermutigt, sowohl seine aktuelle wie auch seine angestrebte Identität zu erforschen, fehlende Emotionen oder Erfahrungen zu untersuchen und aus seiner neu gewonnen Erkenntnis heraus zu handeln.

Der Klient ist entspannt und ruhig.

Der Analytiker gibt objektive Hilfestellung.

Carl Gustav Jung

Der erleuchtete Träumer
Jung behauptete, dass Träume das vermitteln, was die Träumer im wachen Zustand nicht wissen oder was ihnen nicht zugänglich ist.

Carl Gustav Jung (1875–1961), Freuds einflussreichster Kollege in der zeitgenössischen Traumdeutung, entwickelte die Traumarbeit weiter. Er unterschied sich grundlegend von Freud in dem Glauben, dass Träume die innere Welt des Träumers widerspiegeln. Für ihn gab es keine verborgenen Inhalte, die der Deutung bedürfen. Nach Jung musste man nur die Symbole verstehen, mit denen das Unterbewusstsein bei der Erschaffung der Träume spielt. Er glaubte allerdings auch, dass es keine zuverlässige Methodik für die Deutung der Traumsymbole oder der Traumbilder gibt, weil jeder Traum in sich einzigartig und ganz auf den Träumer abgestellt ist.

Ausgeglichenheit herstellen

Jung war der Meinung, dass Träume unbedingt mit den Träumern selbst besprochen werden müssen, weil sie die notwendige intuitive Einsicht haben, die dem Traum zugrunde liegende Botschaft zu entschlüsseln. Er glaubte fest daran, dass es die Hauptaufgabe des Träumens ist, Ausgeglichenheit und Symmetrie zwischen dem Unterbewusstsein und dem Bewusstsein herzustellen, indem vom Träumer unterdrückte Probleme an die Oberfläche geholt und verdeutlicht werden. Er nahm an, dass Träume die Kraft haben, die Zukunft des Träumers zu verändern, indem sie seine Möglichkeiten aufzeigen.

Das kollektive Unbewusste

Mit der Entwicklung seiner Theorie über Archetypen und das kollektive Unbewusste unterschied sich Jung in seiner

Traumarbeit radikal von Freud. Wie viele vor ihm glaubte auch Jung, dass Träume Botschaften von einer besonderen Quelle sind, konnte sich aber nie festlegen, ob diese Quelle der Träumer selbst oder das „kollektive Unbewusste" ist, wie er es nannte. Damit meinte er eine uns allen gemeinsame Sammlung kultureller Erinnerungen, menschlicher Weisheiten und Erfahrungen. Der Zugang dazu liegt im Kern unserer Psyche. Die Gebilde, die diesem kollektiven Unbewussten entspringen, nennt Jung „Archetypen" und beschreibt sie als Urbilder uns allen gemeinsamer Menschheitserfahrungen, die demzufolge von jedem verstanden werden können, weil in ihnen die für alle Menschen anwendbare Urwahrheit liegt.

Zusatzinformation

Jung glaubte, dass wir alle ständig träumen, ob wir nun wach sind oder schlafen. Er hielt es für möglich, dass unser „lautes" Tagesbewusstsein aber die Träume übertönte.

Das bin ich
Das Selbst, Kernstück der Persönlichkeit, zieht alle anderen Archetypen und Charaktereigenschaften an, sowohl auf der bewussten wie auch der unbewussten Ebene.

DIE JUNGSCHEN ARCHETYPEN

Viele der Jungschen Archetypen erscheinen in Träumen, um uns die universale Wahrheit zu vermitteln. Jung unterscheidet grundlegende Archetypen, Animus, Anima, Schatten und Selbst, welche die Grundlage unserer Bilderwelten liefern, und die Persona – die Maske, die wir der Außenwelt präsentieren.

Der Schatten
Der Schatten symbolisiert unsere dunklen Seiten, die wir nicht sehen wollen.

Anima/Animus

Mit Anima und Animus werden die typischen weiblichen (Anima) oder männlichen (Animus) Eigenschaften bezeichnet, wie Sanftheit und Mitgefühl oder Konkurrenz und Stärke.

Gesellschaftstier

Die Persona ist die Maske, die wir in Gesellschaft tragen, und die den Teil von uns darstellt, den wir gerne nach außen zeigen

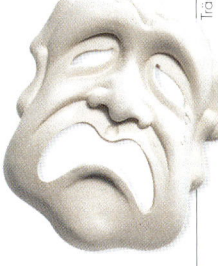

Fingerzeige durch Archetypen

Viele Archetypen sind sowohl im Mann als auch in der Frau vorhanden und haben jeweils negative und positive Seiten. Freundliche Mütter und Väter verkörpern gerechte, nährende Liebe, während die destruktive Mutter das Ungeheuer, Manipulation und Despotismus symbolisiert. Die Prinzessin und der Jüngling sind spontan und sorglos, die Sirenen und männlichen Dämonen sind negativ und egozentrisch. Der Priester und die Priesterin haben sich der Wahrheitsfindung und -teilung verpflichtet; der Magier und die Hexe nutzen ihre Intuition zum eigenen Vorteil. Der Archetypus, der das Streben des Menschen nach Einheit repräsentiert, äußert sich im Mandala, dem magischen Kreis. Jeder hat sein eigenes Mandala, das zu finden er bemüht ist. Achten Sie auf die Archetypen in Ihren Träumen und nutzen Sie die Erkenntnis, Ihr waches Bewusstsein zu erweitern.

Fritz Perls

Im Hier und im Jetzt
Perls meinte, wenn sich seine Klienten nicht ihrer selbst in der Gegenwart bewusst sind, sie auch keinen Sinn in der Vergangenheit sehen können

Fritz Perls (1893–1970), ein deutscher Psychologe, hatte zwar zunächst die traditionellen psychoanalytischen Techniken gelernt, doch seine Zweifel an den Freudschen Theorien ließen ihn einen Weg finden, den er „Gestalttherapie" nannte.

Gestalttherapie

Die Theorie der Gestalt geht davon aus, dass die Wurzel der psychologischen und emotionalen Störungen eines Menschen in seiner Unfähigkeit liegt, alle Aspekte seiner Persönlichkeit in ein gesundes, funktionierendes Ganzes zu integrieren. Das Ziel der Gestalttherapie ist, dass die Klienten Gefühle und Erfahrungen, die sie mit sich selbst und ihrer Umwelt erlebt haben, erkennen und annehmen, damit sie jeder kommenden Situation mit Logik und Präzision begegnen können.

Träume als Mikrokosmen

Perls distanzierte sich von Freud und Jung. Für ihn war die Traumsymbolik nicht Teil einer universalen Symbolsprache, sondern das Werk des einzelnen, der den Traum erlebt. Auch behauptet er, dass die Symbole nicht für irgendwelche Triebe stünden, sondern Projektionen des Träumers zur Zeit des Traums seien. Perls glaubte fest daran, dass Traumdeutung davon ausgehen sollte, dass jede Figur und jedes Objekt im Traum die symbolische Darstellung eines bekannten oder auch unbekannten Aspekts der Persönlichkeit des Träumers und seiner Lebenserfahrung ist. Er argumentierte, wenn alle Träumer die Architekten ihrer eigenen

Träume sind, die Erscheinungen eines Traums vorher im Träumer zwingend vorhanden sein müssen.

Der leere Stuhl

Zu Perls Techniken gehörten Rollenspiele, bei denen nach bestimmten Aspekten des Selbst gefragt wird. Um Gegensätze in einem Traum zu erkennen, griff er zur mittlerweile sehr bekannten Technik des „leeren Stuhls". Bei dieser Übung stehen zwei Stühle einander gegenüber. Der Träumer sitzt auf dem einen und spricht mit einer Person oder einem Objekt, die oder das in seinem Traum eine besondere Rolle gespielt hat. Dann setzt er sich auf den anderen Stuhl und antwortet so, wie die Person oder das Objekt es vermutlich im Traum getan hätten. Dieser Vorgang wird so lange wiederholt, bis das Problem gelöst ist.

Zusatzinformation

In den 1960er Jahren half Perls bei der Einrichtung vieler Zentren für Gestalttherapie in den USA, z. B. Esalen in Big Sur, Kalifornien.

Der leere Stuhl
Mit dieser Technik wird ein Traum erforscht, indem der Träumer zu einem bedeutungs-vollen Traumsymbol spricht und auch für das Symbol antwortet.

ANN FARADAY

Die Traumforscherin Ann Faraday macht keinen Hehl daraus, dass sie der „Gestalt" viel zu verdanken hat. Sie schlägt vor, auf der dritten Stufe ihrer Traumarbeit entweder Perls Leere-Stuhl-Methode oder die „Topdog-Underdog-Technik" anzuwenden, wie sie sie nennt (dabei wird der Träumer aufgefordert, in seiner Persönlichkeit diese Teile zu erkennen: Der Topdog fühlt sich dem Underdog gegenüber überlegen, kritisiert und unterdrückt ihn, während der Underdog es zwar immer gut meint, aber nie Erfolg hat). Faraday glaubt, dass Träume drei Gesichter haben und dass es wichtig ist, alle drei Bedeutungen zu erkennen und zu verstehen.

Bandenführer
Die Topdog-Underdog-Methode hilft dem Träumer, die Hauptextreme seiner Persönlickiet zu erkennen.

Die Spiegelwelt des Traums

Erstes Gesicht

Mit dem ersten Gesicht schaut der Träumer aus dem Traum „nach außen". Er wird aufgefordert, auf äußere Ereignisse zu achten, die er im Wachzustand nicht beachtet hat. Faraday behauptet, dass Träume die direkte Bedeutung haben, an drohende Probleme zu erinnern oder davor zu warnen.

Zweites Gesicht

Das zweite Gesicht nennt Ann Faraday in Anlehnung an Lewis Carroll das „Spiegel-Selbst". Sie meint, dass der Träumer damit erkennen kann, wer er wirklich ist und welches Verhältnis er zu seiner Umwelt hat, indem er die im Traum vorkommenden Figuren, Tiere, Gebäude, Wetterbedingungen usw. deutet.

Drittes Gesicht

Mit dem dritten Gesicht schaut der Träumer nach innen, um seinen inneren Konflikte zu erkennen, und den Willen und die Fähigkeit zu finden, sie zu lösen. Faraday behauptet, dass mit Methoden der Gestalttherapie das Kernproblem – die existenzielle Traumbotschaft – erkennbar wird, und dass man damit die vier Hauptprobleme des Lebens lösen kann:

- Nichts währt ewig
- Wir sind alle mal allein.
- Das Leben ist sinnlos.
- Wir müssen alle sterben.

Treibgut

Dieses Gemälde von 1886 zeigt ein sehr vielsagendes Traumbild: Das Boot nähert sich dem Eingang zu einer unwirklichen Welt.

Medard Boss

Eingeschränkt
Boss glaubte, dass wenn wir uns über etwas Sorgen machen, wir dann davon träumen, eingeschränkt oder gefangen zu sein.

Der Schweizer Psychotherapeut Medard Boss (1903–1990) stand bis 1938 unter dem Einfluss Freuds, schloss sich dann aber Jung an, der ihm andere Wege der Psychoanalyse eröffnete. Doch erst die Werke von Ludwig Binswanger und Martin Heidegger und schließlich seine Freundschaft mit Heidegger führte ihn zu den Methoden der Existenzpsychologie. Er gilt bei vielen als deren Mitbegründer

Gelassenheit

Die Existenzpsychologie basiert auf der Vorstellung, dass jeder von uns sich selbst aussucht, was er sein möchte und dass wir diese Entscheidung in allem ausdrücken, was wir tun. Boss lehnte die Sicht von Freud und Jung ab, dass Träume offenkundige oder verborgene Inhalte haben, genauso wie die Vorstellung Binswangers – ebenfalls Existenzialist – dass es ein Weltenmuster gibt. Er hielt die Vorstellung, dass Menschen mit fertigen Erwartungen und Archetypen in diese Welt kommen, für eine Ablenkung von den Hauptprinzipien des Existenzialismus, nach denen die Welt sich selbst offenbart und nicht gedeutet zu werden braucht. Wir teilen uns die menschliche Existenz und wir erleuchten uns selbst und gegenseitig mit allem, was wir tun. Für Boss braucht man dazu *Gelassenheit*. Er glaubte, dass wir statt zuzumachen und unser Leben zu ersticken, weil wir immer alles unter Kontrolle haben wollen, vertrauensvoll loslassen und uns dem Leben anvertrauen sollten.

Die reale Welt

Boss war von Träumen fasziniert. Er sah in ihnen einen wichtigen Bestandteil der Therapie. Für ihn waren sie jedoch nicht symbolisch, sondern Darstellungen der Träumer, wie sie ihr Leben sehen. Die Wunscherfüllung im Traum ist daher sehr bezeichnend und kann sehr offenkundig sein. Wenn wir uns z. B. befreit fühlen, können wir im Traum fliegen. Sind wir jedoch voller Sorgen und Ängste, werden wir im Traum gejagt oder gefangen genommen. Boss meint, dass der Träumer seinen Träumen gestatten sollte, sich ihm von selbst zu offenbaren, denn wenn er sich die Traumbilder genau ansähe, würde er bald ihre eigenen existenziellen Bedingungen verstehen und damit dann auch, inwiefern diese falsch oder richtig sind.

Zusatzinformation

Medard Boss graduierte 1928 an der Universität von Zürich und studierte in Paris und Wien weiter, wo er von Sigmund Freud selbst analysiert wurde.

Präzisionsarbeit
Boss glaubte, dass der Träumer eher daran gehindert wird, die Kernaussage seines Traums zu erkennen, wenn er sich darauf konzentriert, dessen Symbole zu analysieren.

TRÄUME ALS SPIEGEL
Medard Boss ließ sich zu Beginn jeder Traumarbeit den Traum vom Träumer „erklären". Das kann zuerst eine vage Traumbeschreibung sein, durch die Boss den Klienten ermuntert, sich intensiver damit zu beschäfigen. Boss unterbindet dabei freie Assoziationen und Vereinfachungen, die er für Ablenkungen von der existenziellen Traumbotschaft hielt. Er bat seine Klienten, die Traumsymbole so genau wie möglich zu beschreiben und vor allem ihre Reaktion darauf.

1. Maschinenträume
Eines der bekanntesten Beispiele für die Traumarbeit von Medard Boss war ein Ingenieur, der sich sexuell unterdrückt, einsam und niedergeschlagen fühlte. Zu Beginn seiner Traumtherapie träumte der Ingenieur nur von den Maschinen, mit denen er es bei seiner täglichen Arbeit zu tun hatte. Doch nach und nach veränderten sich seine Träume. Er fing an, immer mehr von lebendigen und weniger von leblosen Dingen zu träumen.

2. Vögel und Bienen

Erst träumte er von Pflanzen, dann von Insekten, danach von Fröschen, Schlangen, Mäusen, Kaninchen und Schweinen. Nach zwei Jahren Therapie begann der Klient, von Frauen zu träumen. Boss schloss daraus, dass der Mann sich ausschließlich mit seiner Arbeit identifiziert hatte, sodass er lange brauchte, bis er endlich davon träumte, womit er eigentlich sein Leben teilen wollte. Der Mann hatte unter Einsamkeit, Depressionen und Unbehagen gelitten, weil er sich hinter seinen Maschinen vor der Welt versteckt hatte.

3. Spiegelbild der wahren Welt

Es fällt auf, dass Boss den Traumbildern des Ingenieurs keinen Symbolcharakter unterstellt, sondern ihnen erlaubt, für sich selbst zu sprechen. Boss deutet die Schlange nicht als Sexualsymbol (wie Freud es getan hätte) und macht auch aus dem Schwein keinen Archetyp oder Komplex. Die Bilder des schlafenden Geistes dieses Mannes haben einzig mit ihm und seinem In-der-Welt-Sein zu tun und das auch nur zum jeweiligen Zeitpunkt des Traums.

Träumen in anderen Kulturen

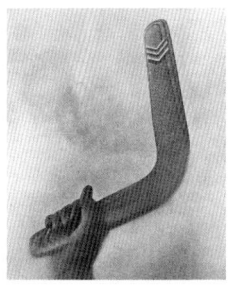

Einstimmen
Wenn er richtig geworfen wird, kehrt der Bumerang zu seinem Besitzer zurück. Mit großer Feinfühligkeit können die Aborigines mit den Geistern ihrer Vorfahren Kontakt aufnehmen.

In anderen Kulturen, wie bei den Aborigines in Australien, den Senoi in Malaysia und den Indianern, werden Träume in einem ganz anderen Licht gesehen.

Die Traumzeit

Das Traumkonzept der Aborigines ist einmalig, denn sie glauben, dass das Universum während der „Traumzeit" (Schöpfungszeit) erschaffen wurde. Für die Aborigines hat alles in dieser Welt seine eigene Schwingung, deren Echos uns von der Entstehung und den urväterlichen Schöpfungswesen erzählen. Die Kraft eines Ortes – seine Heiligkeit – ist verbunden mit diesen Wesen, welche die Erinnerung an die Geister der Ahnen wachhalten und damit die Traumzeit fortführen. Nur wer sich einstimmen kann wird sich des Träumens der Erde bewusst. Trotzdem sind die Geister jetzt und auf ewig in den Formen präsent, in die sie sich am Ende der Traumzeit verwandelt haben.

Die Senoi

Bis vor kurzem stützte sich unser westliches Verständnis der Traumpraxis der Senoi auf den Irrtum, dass die Senoi ihre Träume kontrollieren, um sich emotional gesund zu halten, und dass sie jeden Morgen ihre Träume besprechen, wobei die Erwachsenen die Kinder beraten. Vor einiger Zeit haben Ann Faraday und John Wren Lewis Malaysia bereist und entdeckt, dass die Senoi zwar häufig tanzen oder in Trance gehen. Dabei werden von Träumen inspirierte Lieder gesungen, um die Geister zu rufen. Sie denken jedoch nicht daran, Träume zu ihrem eigenen Vorteil zu manipulieren. Sie glauben, dass der schützende Geist *gunig* den Menschen aussucht, den er erleuchten will. Sie achten sehr darauf, ob jemand in seinen Träumen ein Lied oder einen Tanz erhält, denn so wird ein neuer Schamane geboren, der Träume als Omen oder Warnungen deuten und Schutzgeister rufen kann.

Die Indianer

Die Indianer glauben, dass Träume vielen Zwecken dienen: In ihnen wird die Zukunft vorhergesehen, Kontakt mit übernatürlichen spirituellen Führern gepflegt und es werden emotionale oder psychologische Probleme gelöst. Für die Inkubation und Deutung der Träume haben die Stämme verschiedene Mittel: Die Irokesen zum Beispiel veranstalten Feste, auf denen sie ihre Träume tanzend „vorführen". Allen Stämmen gemeinsam ist der Glaube, dass wer sich von einem Traum Hilfe wünscht, diese von seinem Geistführer bekommt.

TRAUMARTEN

Betty Bethards, Autorin des Buches *The Dream Book (Das Traumbuch)*, spricht von sechs Grundformen des Traums: ⁕ Entrümpelungstraum. ⁕ Einsichts- oder Lehrtraum. ⁕ Problemlösungstraum – ein Traum, den man aktiv sucht. ⁕ Präkognitiver Traum, der Einblick in die Zukunft gewährt und Möglichkeiten aufzeigt, die sich daraus ergeben könnten. ⁕ Prophetischer Traum, der aus der höchsten Bewusstseinsebene kommt und das geistige Wachstum betrifft. ⁕ „Außenstörungs"-Traum, der durch etwas in der äußeren Umgebung erzeugt wird.

Die Entrümpelungs- und Mülleimer-Theorie

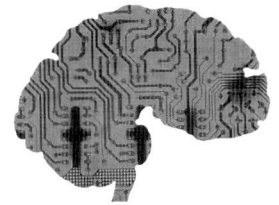

Computer Gehirn
Einige Wissenschaftler glauben, dass Träume der Programmsäuberung eines hoch entwickelten Computers dienen – des Gehirns.

Die meisten Traumanalytiker glauben, dass Träume der psychologischen Entwicklung helfen, doch für einige sind sie lediglich die systematische Entrümpelung der Datenbank unseres Gehirns.

Die britischen Computeranalytiker Christopher Evans und Ted Newman vergleichen das Gehirn mit einem Computer, da beide ungeheuer große Datenmengen enthalten, sortieren und abspeichern. Sie behaupten, dass in allen Schlafstadien (besonders aber im REM-Schlaf) das bewusst arbeitende Gehirn abgeschaltet und vom Körper getrennt ist. Während dieser Zeit kann es seine Datenbanken öffnen und die Unmengen von Material reorganisieren, die während des Tages im Netzwerk der Nerven angesammelt wurden. Die beiden behaupten, dass wir uns an unsere Träume erinnern können, wenn wir sie in Typ A und Typ B einordnen. Zu Typ A gehört die gesamte Reprogrammierung, die im Schlaf passiert, während Typ B ein Fragment von Typ A ist, an das wir uns mit wachsendem Bewusstsein erinnern.

Den Müll hinausschaffen

Francis Crick stützt sich auf Evans und Newmans Arbeit, um Geheimnisse zu lüften: das des Lebens und das des Bewusstseins. Zusammen mit seinem Kollegen James Watson enthüllte er das erste, indem er die Doppelhelix der DNS entdeckte, wofür sie beide den Nobelpreis für Medizin bekamen. Um das zweite Geheimnis zu lüften, stellte

Crick 1983 die Hypothese auf, dass all unsere Gefühle, Erinnerungen und Triebe die Arbeit eines riesigen Nervennetzwerks ist. Zusammen mit seinem Kollegen Graeme Mitchison untersuchte er Träume, um das Zusammenspiel von Nervenzellgruppen zu verstehen. Er entdeckte, dass Nervennetze die Erinnerungen nicht logisch abspeichern, sondern sie übereinanderschichten, wenn zu viele eingebracht werden. Auf der Suche nach einer Möglichkeit, dieses Durcheinander neu zu organisieren, fiel es den beiden Männern auf, dass vielleicht genau das im REM-Schlaf passiert. Crick nennt diesen Vorgang „Rückwärtslernen", was nichts mit Vergessen zu tun hat. Das Gehirn sondert und befreit sich von unnötigen Informationen.

Zusatzinformation

Laut Crick ist es nicht förderlich, sich an Träume zu erinnern, da sie genau die Informationen enthalten, die das Gehirn loszuwerden versucht.

Der geheimnisvolle Fingerzeig
Wie viele vor und nach ihm entschlüsselte Friedrich August Kekulé (1829–1896) ein Rätsel, indem er auf seine Träume achtete.

PROBLEMLÖSUNG
Ein der Traumtheorie von Crick und Mitchison genau entgegengesetzter Ansatz ist die Problemlösung. Selbst wenn Sie nicht absichtlich ein Rätsel im Traum lösen, so haben Sie vielleicht schon die Erfahrung gemacht, dass Sie beim Überschlafen eines Problems am nächsten Morgen mit einer Lösung wach werden. Betty Bethards schlägt vor, sich völlig zu entspannen, wenn Sie sich darauf programmieren im Traum die Lösung eines Problems zu finden, und sich nie entmutigen zu lassen, wenn die Botschaft unklar ist. Auch sollten Sie die Frage mit sauberen Absichten stellen, dass heißt um Einsicht in sich selbst zu bekommen und nicht, um Ereignisse oder Menschen zu manipulieren. Vielleicht stellen Sie die falsche Frage oder bitten um etwas, was Sie nicht wirklich wollen. Sie sollten immer ehrlich sein, wenn Sie um einen Problemlösungstraum bitten.

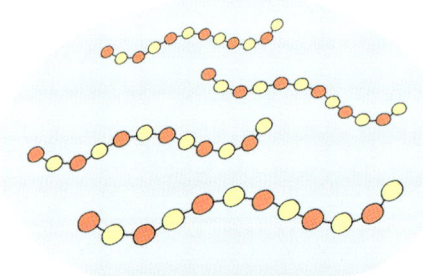

Lebendige Schlangen
Kekulé versuchte ein Benzolmolekül zu bauen, wusste aber nicht, wie er die sechs Kohlenstoff- und die sechs Wasserstoffatome in einer herkömmlichen Kette anordnen konnte.

Friedrich August Kekulé

Von den zahlreichen Beispielen für Problemlösungsträume fallen viele in den Bereich der kreativen Wissenschaft, weil sie geholfen haben, ein Puzzle zusammenzusetzen. Einer der diesbezüglich berühmtesten Träume ist der von Friedrich August Kekulé. Kekulé, ein deutscher Chemiker, der sich lange bemüht hatte, die Molekularstruktur von Benzol zu finden, behauptete, die Lösung im Traum gefunden zu haben. Im Traum tanzten zahlreiche Moleküle vor seinen Augen, einige waren groß, einige klein. Obwohl sich einige der kleineren ab und zu zu Paaren zusammenschlossen und von einem größeren umgeben wurden, drehte sich die ganze Struktur wie eine Schlange. Plötzlich sah Kekulé, wie eine dieser „Schlangen" ihren Schwanz ergriff. Er wachte sofort auf und erkannte die Bedeutung des Bildes: Das Benzolmolekül hatte tatsächlich eine Ringstruktur.

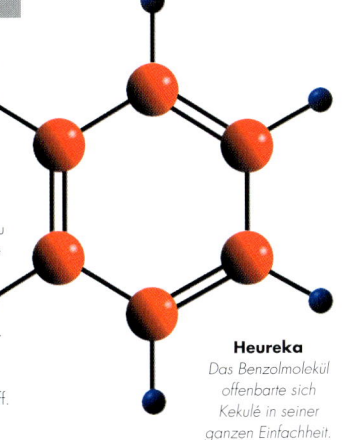

Heureka
Das Benzolmolekül offenbarte sich Kekulé in seiner ganzen Einfachheit.

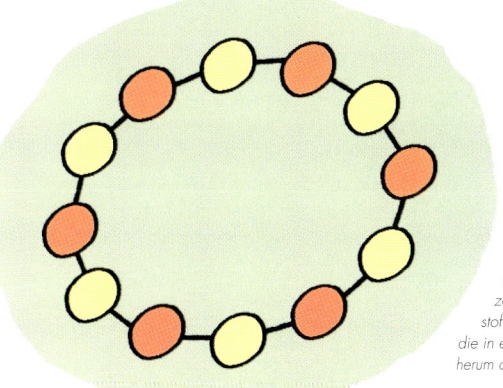

Schlangenbiss
In der Ringform kann sich jedes Kohlenstoffatom mit dem benachbarten Atom verbinden und sich gleichzeitig an die Wasserstoffatome anschließen, die in einem Ring um sie herum angeordnet sind.

Lehrträume

Physische Durchsagen
Von den mehr als 14.000 aufgezeichneten Durchsagen von Cayce waren zwei Drittel für Menschen mit gesundheitlichen Problemen bestimmt.

Lehrträume unterscheiden sich von Problemlösungsträumen, um die man bewusst oder unbewusst bittet, indem sie einem von einer höheren Dimension oder dem Herzinnersten des eigenen Unterbewusstseins geschenkt werden. Sie bringen Intuitionsfetzen ans Licht, die man während des Tages erlebt hat, und helfen den wahren Kern einer Situation oder einer Beziehung zu erkennen. Der Träumer wird im Schlaf aufgefordert, sich an Dinge zu erinnern oder ein Prinzip anzuerkennen, die oder das er im wachen Zustand abgelehnt hat oder nicht wissen wollte. Wir haben jede Nacht mindestens einen Lehrtraum, wahrscheinlich aber mehrere.

Der schlafende Prophet

Das amerikanische Medium Edgar Cayce (1877–1945) erlebte, dass er in seinen Träumen erstaunliche Einsichten in den menschlichen Gesundheitszustand bekam. Über vierzig Jahre lang gab er „psychische Durchsagen", wie er sie nannte. Er entwickelte die Fähigkeit, sich in traumähnliche Trance zu versetzen. In diesem Bewusstseinszustand schien er Zugang zu einem unglaublichen Fundus an universalem Wissen zu haben und konnte jede ihm gestellte Frage beantworten.

Cayce entdeckte diese Gabe durch Zufall, als er seine Stimme verlor und die Ärzte ihm nicht helfen konnten. Er nahm den Rat eines Freundes an, in Hypnose sein eigenes Unterbewusstsein zu konsultieren, und merkte, dass er nicht nur seine eigenen Probleme diagnostizieren konnte, sondern auch die anderer Menschen. Er legte sich hin, versetzte sich selbst in Trance und konnte dann jede gestellte Frage mit erstaunlicher Genauigkeit beantworten. Da er sich anschließend nie an seine Worte erinnern konnte, wurde alles, was er sagte, aufgezeichnet.

Die Menschen baten ihn um Hilfe bei Krankheiten, wenn die Schulmediziner keinen Rat mehr wussten. Cayce konnte diese Krankheiten nicht nur diagnostizieren sondern auch die Behandlung beschreiben, mit der sie gelindert werden konnten. Manchmal erkannte er, dass die Leiden karmische Ursachen hatten, und so wurde er auch gebeten, das Leben betreffende Durchsagen zu machen. Dabei achtete Cayce gewissenhaft darauf, nur von den für das aktuelle Leben des Klienten relevanten Erfahrungen früherer Inkarnationen zu sprechen.

Zusatzinformation

Cayce stellte über 30.000 präzise Diagnosen, nutzte diese Gabe aber nie für Ruhm und Reichtum, sondern um kranken Menschen zu helfen oder spirituellen Rat zu geben.

Schiffbruch

Viele Menschen, unter anderem auch der Schriftsteller Graham Greene, behaupten, den Untergang der Titanic vorhergesehen zu haben.

PRÄKOGNITION ODER PROPHEZEIUNG?

Präkognitive Träume gewähren Einblick in die Zukunft und warnen vor möglichen Folgen. Betty Bethards unterscheidet zwischen *Déjà-Vu-Elebnissen* und präkognitiven Träumen und betont, dass letztere meist andere Leute und nicht den Träumer selbst betreffen. Die Frage, ob diese Träume das Ergebnis intuitiver Ahnungen sind, ist noch unbeantwortet. Betty Bethards meint, dass ein präkognitiver Traum wahrscheinlich die Aufgabe hat, den Träumer auf die ihm innewohnenden Fähigkeiten aufmerksam zu machen und den Wunsch zu wecken, mehr über sein inneres Selbst zu erfahren.

Ein Lichtstrahl

Betty Bethards glaubt, dass prophetische Träume aus den allerhöchsten Ebenen erweiterten Bewusstseins kommen, mit geistigem Wachstum zu tun haben und vieles mit hellsichtigen Träumen gemeinsam haben: Man weiß, dass man nicht wach ist, und weiß auch, dass man träumt. Betty Bethards behauptet, dass prophetische Träume groß angelegt sind und Einsicht und Verstehen in die Einheit allen Lebens einschließen.

Gestörte Träume

Betty Bethards meint, dass ein Traum auch von „Außenstörungen" erzeugt werden kann, wie sie es nennt. Das kann alles in der physischen Umgebung des Träumers sein, es muss nur störend genug sein, damit er es in den Traum einbaut. Man kann zum Beispiel dann im Traum das Telefon läuten oder einen Hund bellen hören, wenn sie es in der Außenwelt tun, oder im Traum frieren und beim Aufwachen feststellen, dass die Bettdecke auf den Boden gefallen ist. Bei der Deutung eines Traums muss man also immer die Möglichkeit in Betracht ziehen, dass Außenstörungen das Drehbuch des Traum verändert haben könnten.

Den Anruf entgegennehmen

Manchmal bauen wir Lärm oder andere Störfaktoren von außen, z.B. Temperaturveränderungen, in unsere Träume ein.

Fragen und Antworten

Erinnerung an einen Traum
Untersuchungen haben ergeben, dass wir etwa 95 % unserer Träume vergessen.

Manche Fragen werden immer wieder gestellt. Die häufigsten Fragen wurden hier zusammengestellt und beantwortet, um die Theorien der vorangegangenen Kapitel näher zu erklären.

F *Kann man in Schwarzweiß träumen?*
A Da Farbe eine wichtige Rolle in unserem Leben spielt, träumen wir meist in Farbe, auch wenn wir uns an die Farben nicht mehr erinnern können. Es gibt aber auch Berichte von Träumen in Schwarzweiß.

F *Wie lange dauert ein Traum?*
A Der Traum dauert so lange, wie es auch dauern würde, das Geschehen zu erzählen. Das mag verwundern, da der Traum sehr viele Informationen in eine nur sehr kurz erscheinende Zeit packt. Das erreicht er, indem er sich bei schnellem Szenenwechsel auf das Schlüsselgeschehen oder die wichtigsten Personen konzentriert. Es wurden Träume aufgezeichnet, die bis zu 45 Minuten gedauert haben.

F *Werden Träume wahr?*
A Manche Menschen glauben, dass Träume Vorahnungen zukünftiger, häufig verhängnisvoller Ereignisse sind. Meistens jedoch enthalten sie nur Intuitionsfetzen, die unser Bewusstsein vergraben hat, und die – wenn sie wieder ans Licht gebracht werden – unser waches Bewusstsein erleuchten und bestätigen.

F *Träumt man im Alter weniger?*
A Wahrscheinlich nicht, obwohl man das nicht verallgemeinern kann. Babys verbringen ganz sicher viel Zeit im REM-

Schlaf, aber den haben auch die Erwachsenen bis ins hohe Alter mit schöner Regelmäßigkeit. Es ist jedoch möglich, dass sich ältere Menschen weiniger an ihre Träume erinnern.

F *Wann kann ich mich am ehesten an meine Träume erinnern?*
A Kurz vor dem Wachwerden, wenn man den längsten REM-Schlaf hat. Man kann sich auch an Teile eines früheren Traums erinnern, wenn man kurz nach dem Einschlafen wieder wach wird.

F *Träumen Tiere?*
A Es gibt keine Beweise dafür, aber wenn Sie Hundebesitzer sind, können Sie sicher bestätigen, dass es ganz so aussieht. Sie scheinen im Schlaf dieselben physiologischen Veränderungen mitzumachen wie Menschen.

F *Beeinflusst schweres Essen den Schlaf?*
A Ja. Wenn Sie vor dem Schlafen viel essen und trinken, leidet die Verdauung und Sie haben eine ruhelose Nacht

TRAUM-ARBEIT

Rosemary Ellen Guiley, Autorin von *Dreamwork for the Soul* (*Traumarbeit für die Seele*), glaubt, dass Träume die reichste Quelle spiritueller Führung und emotionaler und physischer Heilung sind. Wenn Sie erst einmal gelernt haben, Ihre Träume und deren Weisheiten zu verstehen, können sie Ihnen helfen geistig zu wachsen und Ihre Erfüllung zu finden. Die Autorin warnt jedoch, dass ein Traum nur dann Heilung bringen kann, wenn man auch entsprechend handelt. Wenn Sie lernen, wie man sich an Träume erinnert und sie aufschreibt, gewinnen Sie Einsichten in sich selbst, in andere und in das Leben selbst. Traumarbeit sollte zur Routine werden. Gruppensitzungen ermöglichen objektive Einsichten, die man allein vielleicht nicht gewonnen hätte.

Festhalten von Träumen

Verhalten Sie sich ganz still
Bewegen Sie sich beim Aufwachen so wenig wie möglich und behalten die Traumbilder im Kopf, damit Sie den Traum aufzeichnen können.

Menschen, die behaupten, sie träumen nicht, irren sich. Wir träumen alle, nur können sich manche von uns sich daran erinnern und andere nicht. Es ist reine Übungssache, den Traum der Nacht festzuhalten. Mit der richtigen Technik werden Sie bald gelernt haben, sich an einen oder sogar mehrere Ihrer Träume zu erinnern. Unregelmäßiger Schlaf ist traumhemmend. Prüfen Sie auch zuerst, ob Ihr Schlafmuster nicht durch gesundheitliche Probleme gestört wird. Auch Alkohol oder Drogen wirken sich hemmend auf Ihre Traumfähigkeit aus.

Das Traumtagebuch

Das Wichtigste dabei ist der Wille, Ihre Träume festzuhalten. Um dieses Ziel zu erreichen, empfehlen fast alle Traumanalytiker, die Träume aufzuzeichnen. Sie schlagen entweder ein Notizbuch oder einen Kassettenrekorder vor, um Ihre Eindrücke von einem Traum mündlich aufzuzeichnen. Machen Sie sich keine Sorgen, wenn Sie eine Traumbotschaft nicht verstehen. Sie werden weitere Träume mit der gleichen Botschaft bekommen, bis Sie die Bedeutung verstanden haben. Es ist besonders wichtig ebenfalls festzuhalten, welche Gefühle Sie in dem Traum und direkt beim Aufwachen gehabt haben. Sie werden feststellen, dass diese Gefühle wichtig sind für die Deutung eines Traums. Sie sind der Schlüssel zu dessen Bedeutung.

Persönliche Entwicklung

Ein Traumtagebuch macht es einfacher, die Träume zu deuten. Wenn Sie sie mit dem Datum versehen, sehen Sie, wie sich immer wiederkehrende Träume entwickeln. Sie können sich selbst und andere immer besser wahrnehmen. Diese Aufzeichnungen zeigen Ihnen auch Verhaltensmuster, die Ihr geistiges Wachstum und Ihre emotionale Entwicklung behindern. Indem Sie Ihre innersten Gedanken und Wünsche ans Tageslicht bringen, werden Sie immer klarer erkennen, von welchen Motiven Sie sich im Leben lenken lassen.

Lori Reid, Astrologin, Handleserin und Traumdeuterin, empfiehlt: Wenn Sie während eines Traums aufwachen oder ein Traum bedrückend war, verhalten Sie sich ruhig und still und versuchen Sie, in den Traum zurückzukehren. Durch Visualisierung können Sie ihn so verändern, dass er zu einem positiveren Schluss kommt.

Wussten Sie schon?

Die Traumanalytikerin Lori Reid behauptet, dass die Erinnerung an Träume genauso einfach ist wie an das ABC. Stellen Sie sich selbst eine Frage und wiederholen Sie sie vor dem Einschlafen. Konzentrieren Sie sich darauf. Wenn Sie sich selbst sagen, dass Sie sich an den Traum mit der Antwort erinnern werden, werden Sie das tun.

Festhalten

Schreiben Sie sofort beim Aufwachen alle Einzelheiten, an die Sie sich erinnern können, auf oder nehmen Sie sie auf, bevor Sie alles wieder vergessen.

AUFZEICHNEN VON TRÄUMEN

David Fontana, Mitglied der Britischen Gesellschaft für Psychologie, meint, dass man erst dann mit Traumdeutungen anfangen sollte, wenn man glaubt, dass Träume persönliche Botschaften enthalten. Auch wenn man am Anfang vielleicht nicht sehr erfolgreich ist, sollte man damit weitermachen, denn das Traumtagebuch ist ein aufschlussreiches Mittel für die Selbstanalyse und das persönliche Wachstum. Er schlägt vor, sich während der zweiten REM-Phase, etwa drei Stunden nach dem Einschlafen, wecken zu lassen, weil man danach sehr wahrscheinlich während eines Traums aufwacht. Wenn das nicht klappt, kann man seinen Wecker etwas früher oder später stellen, bis man herausgefunden hat, wann man trämt.

Mit einem Vorsatz einschlafen

Wenn Sie sich an Ihre Träume erinnern wollen, schlafen Sie mit dem festen Vorsatz ein, es auch zu tun.

Traumtagebuch

1 Denken Sie tagsüber daran, dass Sie sich an Ihre Träume erinnern wollen.

2 Legen Sie Ihr Tagebuch oder Ihren Rekorder mit Datumsangabe ans Bett.

3 Wenn Sie ins Bett gehen, setzen Sie sich erst auf die Bettkante und entspannen Sie sich. Dann sagen Sie sich vor, dass Sie sich an Ihre Träume erinnern wollen.

4 Bleiben Sie beim Aufwachen still liegen, konzentrieren Sie sich auf Gedanken und Gefühle, die Ihnen durch den Kopf gehen, und auf den Traum.

Seien Sie genau

Schreiben Sie möglichst viele Einzelheiten auf – den Schauplatz, alle Gefühle, Handlungen und Akteure.

5 Schreiben Sie diese Einzelheiten so schnell wie möglich auf oder nehmen Sie sie auf. Ihre Kommentare sollten genau und verständlich und der Handlungsablauf in der richtigen Reihenfolge sein. Benutzen Sie die Gegenwart, um das Traumerlebnis relevant und umittelbar zu machen.

6 Achten Sie besonders auf die Personen und die Umgebung im Traum. Verbinden Sie sie mit bekannten Menschen oder Orten? Halten Sie das fest.

7 Halten Sie fest, wenn berühmte Menschen im Traum erscheinen und wie sie sich von der Wirklichkeit unterscheiden. Notieren Sie auch magische oder mythische Wesen und Farben.

8 Wiederholen sich Personen oder Motive? Wenn ja, immer auf die gleiche Weise? Halten Sie diese Einzelheiten fest.

9 Vermerken sie auch immer Ihre emotionalen Reaktionen.

10 Machen Sie sich am nächsten Tag Ihre Gefühle und Handlungen im Traum immer wieder bewusst.

Traumarbeit **Aufzeichnung von Träumen**

> JULY 12
>
> One night I dreamt of flying above meadows on a summer evening. I am flying standing up, my arms outstretched. A man comes along side me, flying horizontally, and asks me why I'm flying upright. Why not horizontally like everyone else? I reply that I'm happy flying the way I do, it works for me!

Traumarbeit in Gruppen

Gruppentherapie
Wenn man seine Träume mit anderen teilt, können andere Gruppenmitglieder aufklärend zu einem bestimmten Problem des Träumers beitragen.

Fritz Perls (s. S. 56–57) war nicht nur einer der ersten, die die Ansicht vertraten, dass der Träumer seine Träume selbst deuten sollte. Er bat seine Klienten auch, ihre Träume in Gruppengesprächen zu erforschen, weil er die Erfahrung gemacht hatte, dass andere Gruppenmitglieder ein bestimmtes Problem des Träumers klarer sehen konnten als der Träumer selbst. Dennoch bestand er darauf, dass der Traum das geistige Eigentum des Träumers war und ihm keine Interpretation übergestülpt werden durfte.

Montague Ullman

Nach Perls leistete wohl Montague Ullman die wichtigste Forschungsarbeit auf dem Gebiet der gemeinschaftlichen Traumarbeit. Als Psychoanalytiker und Parapsycholge gründete er 1961 in New York City eines der ersten Schlaflabors, um Träume und Telepathie zu erforschen. Ullman, lebenslanges Mitglied der Amerikanischen Gesellschaft für Psychiatrie, setzte sich unermüdlich für Traumgruppen in den USA und Schweden ein. Das Traumguppen-Forum, eine schwedische Gesellschaft, bildet andere in Ullmans Methoden aus.

Soziales Bewusstsein

Für Ullman ist der Traum ein Phänomen, das in die Gemeinschaft eingebunden ist, besonders wenn er in einer Gruppe besprochen wird. Ullman glaubt, dass wenn Träume mit anderen geteilt werden, sie sehr viel über die Stellung des Träumers in der Gesellschaft aussagen und bei allen anderen Gruppenmitgliedern das emotionale, politische und kulturelle Bewusstsein erweitern, insbesondere natürlich das des Träumer. Geschickte Fragen können den Träumer in seiner Selbstanalyse weiterbringen. Die Gruppe hat nicht die Aufgabe, die Traumbotschaft zu interpretieren, sondern den Träumer auf jede Facette seines Traums aufmerksam zu machen. Wenn das konfrontationslos geschieht, kann der Träumer sich auch mit schwierigen emotionalen Traumata auseinandersetzen und seine eigentlichen Probleme klarer erkennen.

Cyberspace

In jüngerer Zeit findet Traumarbeit auch im Cyberspace des Internets statt. Jeremy Taylor, Prediger der Unitarier und früherer Präsident der Gesellschaft für Traumforschung, ist einer der führenden Traumforscher bei dieser Arbeit. Vorteil dieser Art von Traumarbeit ist, dass sie keine zeitlichen und räumlichen Grenzen kennt. Auch ermöglicht die Anonymität im Internet allen Teilnehmern, ihre Beiträge abzugeben, ohne von irgendwelchen Vorurteilen beeinträchtigt zu sein.

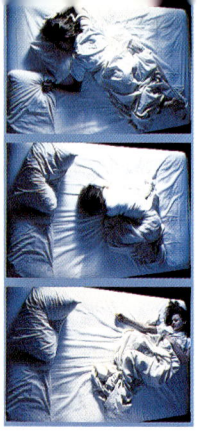

Hin- und herwälzen
Auch wenn viele von uns sich im Schlaf hin- und herwälzen, liegen wir während des Träumens normalerweise ganz still.

TRAUMGRUPPE

Wenn Sie eine eigene Traumgruppe gründen möchten, um Träume miteinander zu teilen, sollten Sie am besten Montague Ullmans Vorbild folgen. Erst beschreibt der Träumer seinen Traum und die anderen Gruppenmitglieder denken darüber nach, als wäre es ihr eigener. Dann reden sie über die Gefühle, die sie gehabt haben, als sie den Traum hörten, ohne dem Träumer zu unterstellen, dass er das gleiche denken oder fühlen müsste. Er soll selbst entscheiden, mit welchen der von der Gruppe angebotenen Beobachtungen er bei seiner eigenen Deutung weiterkommt.

Eine Gruppe gründen

Jeremy Taylor glaubt, dass eine Traumgruppe eine gute Möglichkeit ist, wahrhaft tiefe psychisch-spirituelle Erfahrungen zu machen. Zu dieser Art von Traumarbeit gibt er sechs Ratschläge:

1 Wir träumen, um Ganzheit und Wohlergehen zu erlangen.

2 Unsere Träume haben viele Facetten.

3 Unsere Täume geben uns ein neues Bewusstsein und sind nicht in die Vergangenheit, sondern in die Zukunft gerichtet.

4 Nur der Träumer kann die Sprache seines Traums verstehen und ihn richtig deuten.

5 Wenn Sie mit einem Träumer über einen Traum sprechen, tun Sie so, als sei es Ihr eigener.

6 Alle Gruppenmitglieder sollten sich zur Verschwiegenheit außerhalb der Gruppe verpflichten.

Ein inhaltsreicher Wandteppich

Jeder Traum ist einzig und allein für den Träumer bestimmt. Nur er kann die Sprache und Symbole verstehen. Die Gruppenmitglieder äußern ihre Sicht, die der Träumer annehmen oder ablehnen kann.

Traumdeutung

Freie Assoziation
Vom Apfel über den Baum zum Feuer. Freie Assoziazion kann verblüffende Wege gehen.

Wir haben gesehen, dass man – allein oder in der Gruppe – Träume auf viele Weisen deuten kann. Freud, der daran glaubte, dass Träume die dunkle Seite der menschlichen Natur aufdecken, erforschte und deutete den verborgenen Tauminhalt mit Hilfe freier Assoziation. Wenn Sie frei assoziieren, tritt wahrscheinlich sehr schnell eine Sehnsucht nach Weisheit zutage, die Ihnen hilft, die wichtigen Wahrheiten zu erkennen, die Sie in der Tat alle in sich tragen, und die Ihre Psyche nur vergraben hat. Freie Assoziation macht Ihnen diese Wahrheiten über sich selbst bewusst.

Erweiterung

Jung hingegen war der Meinung, dass man träumt, um jeden Aspekt der Psyche zu integrieren, und dass freie Assoziation den Träumer nur von der wahren Bedeutung seines Traums entfernt. Mit anderen Worten: Sie mag zwar ein gutes Mittel sein, etwas Bedeutendes über sich zu erfahren, aber was man dann daraus lernt, kann etwas ganz anderes sein, als das, was der Traum wirklich übermitteln wollte.

Darum bevorzugte Jung die Methode der Erweiterung. Statt nach verborgenen Bedeutungen zu suchen, beschreibt der Träumer jedes Symbol in seinem Traum, erklärt, was es für ihn bedeutet und stellt dann die Verbindung mit seinem Leben her. Ähnlich wie bei der freien Assoziation sucht er ein Symbol aus, untersucht es von allen Seiten und erkennt, welche Information damit verbunden ist. Welches Bild sehen sie als nächstes? Schauen Sie es sich aus jedem Winkel an, aber schweifen Sie nicht in Assoziationen ab, die Sie von Ihrem Traum entfernen. Behalten Sie das

Bild vor Augen und schauen sich die verschiedenen Bedeutungsebenen an, die sich um das zentrale Bild ranken.

Die Welt ist eine Bühne

Mit der Rollenspielmethode von Perls können Sie jede Facette Ihres Traums erforschen, einschließlich der Bilder, die Sie besonders sachdienlich fanden und der, die Sie kaum wahrgenommen hatten. Für Perls ist überhaupt kein Aspekt des Traums unbedeutend. Gerade die Tatsache, dass Sie ein Bild oder einen Aspekt übersehen oder nicht wahrgenommen haben, kann bedeuten, dass es Ihnen etwas Wichtiges zu sagen hat.

Heutige Traumanalytiker beschränken sich in ihrer Traumarbeit weniger auf nur eine Methode und arbeiten mal nach Jung, mal nach den Regeln der Gestalttherapie, nach dem Existentialismus oder nach Freud.

Zusatzinformation

Sie werden wahrscheinlich feststellen, dass Ihre Träume in Zyklen auftauchen. An manche werden Sie sich leicht erinnern, an andere nur schwer.

DAS TRAUMINTERVIEW

Gayle Delaney, Mitbegründerin des „Delaney and Flowers"-Traumzentrums und Begründerin und Präsidentin der Internationalen Gesellschaft für Traumforschung, spielte eine bahnbrechende Rolle in der Traumforschung und machte sie populär. In den von ihr zusammen mit Jan Edelstein entwickelten Trainingsprogrammen können Berufstätige lernen, ihre Produktivität durch gute Schlafgewohnheiten zu steigern sowie Unfallhäufigkeit und Krankheiten zu reduzieren.

Besprechen Sie Ihren Traum
Da sie fest daran glaubt, dass Träume Botschaften beinhalten, die dem Träumer bei wichtigen Problemen in seinem Leben helfen können, hat Delaney zur Deutung das Trauminterview entwickelt.

Methode
1 Erstellen Sie ein Traumdiagramm: Sie schreiben Ihren Traum auf und heben die wichtigsten Elemente nach einem bestimmten Muster hervor. Kreisen Sie die Hauptpersonen (Menschen und Tiere) ein, unterstreichen Sie jeden Gegenstand und ziehen Sie eine Schlangenlinie um jedes Gefühl. Zeichnen Sie einen Kasten um jeden Schauplatz und einen Pfeil unter jede wichtige Handlung.

2 Erzählen Sie Ihren Traum in der ersten Person und in der Gegenwart. Der Zuhörer stellt fünf Fragen zu diesem Traum.
- „In welcher Umgebung halten Sie sich auf?"
- „Wer sind die Personen?"
- „Was ereignet sich?"
- „Welche Gegenstände tauchen auf?"
- „Welche Gefühle werden in Ihnen ausgelöst?"

Nach jeder Frage bittet Sie der Zuhörer, eine Verbindung zwischen der Traumwelt und Ihrem Leben herzustellen.

3 Nachdem der Traum von jedem Blickwinkel aus besprochen wurde, erzählt Ihnen der Zuhörer den Traum, so wie er ihn verstanden und was er aus Ihren Anworten geschlossen hat. Das sollte bei Ihnen den „Aha"-Effekt auslösen, wie Jeremy Taylor ihn nennt: der Beginn von Erkenntnis und die Erweiterung des Bewusstseins.

4 Der Zuhörer stellt die abschließende Frage: „Wie verstehen Sie Ihren Traum jetzt?", mit anderen Worten: „Was bedeutet der Traum?"

Ein Ohr, dem man vertraut
Es ist äußerst wichtig, dass der Träumer das Gefühl hat, er kann dem Interviewer vertrauen.

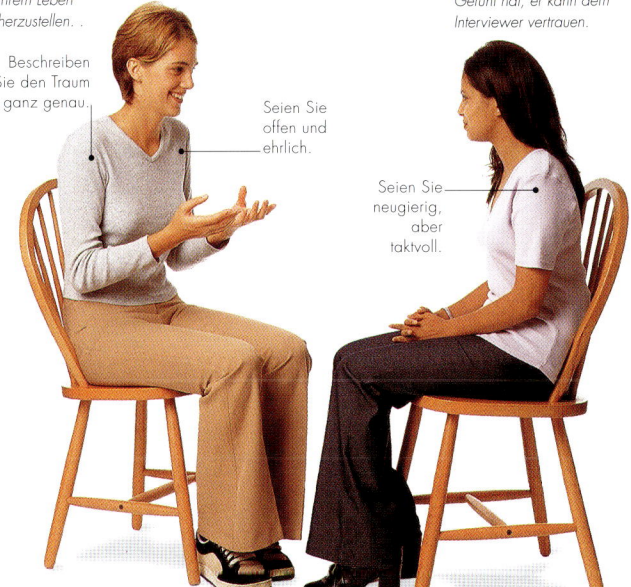

Beschreiben Sie den Traum ganz genau.

Seien Sie offen und ehrlich.

Seien Sie neugierig, aber taktvoll.

Klinische Traumforschung

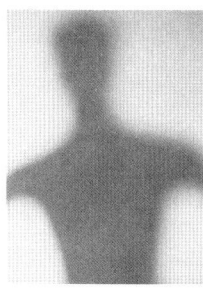

Umwandlung von Negativ in Positiv
Barry Krakow entwickelte eine Methode, die Trauma-Opfern hilft, quälende Träume in positive umzuwandeln.

Jüngste Forschungen ergaben, dass Träume auch ein deutliches Anzeichen für posttraumatische Störungen sein können. Wenn jemand unter einem starken Trauma leidet, wie es durch todesnahe Erfahrungen oder den plötzlichen Verlust eines geliebten Menschen unter außergewöhnlichen Umständen ausgelöst werden kann, erlebt er oft die Ereignisse in seinen Träumen immer wieder und das jede Nacht gleich mehrmals. Diese Träume können selbst zum Trauma werden.

Schlafstörungen

Barry Krakow, Schlafexperte und Gründer eines Zentrums in New Mexico zur Behandlung chronischer Albträume, hat auf diesem Gebiet viel geforscht. Seine Patienten leiden unter Albträumen, Schlaflosigkeit oder posttraumatischen Schlafstörungen.

In einer Untersuchungsreihe mit 598 Frauen, von denen 82 % Opfer einer Vergewaltigung und 18 % Opfer sexueller Belästigungen waren, litten die Vergewaltigungsopfer unter deutlich mehr Albträumen als die anderen, die sexuell belästigt, aber nicht vergewaltigt worden waren. Von den vergewaltigten Frauen hatten 26 % häufig Albträume und 53 % nur gelegentlich; von den sexuell belästigten Frauen berichteten 21 % von häufigen und 45 % von gelegentlichen Albträumen. Krakow schloss daraus, dass – obwohl die Albträume nichts mit den Vergewaltigungen oder Belästigungen dieser Frauen zu tun hatten – die Veränderungen ihres Schlafverhaltens in direktem Zusammenhang mit der ungewöhnlich großen Häufigkeit traumatischer Träume standen. In einem in *Comprehensive Psychiatry* erschienenen Artikel schrieb Krakow, dass aus den Traumberichten von 150 sexuell missbrauchten Frauen hervorgeht, dass mehr als die Hälfte von ihnen unter Schlafapnoe (zeitweiser Atemstillstand) litt.

Einüben von Bildern

In der Therapie lässt Krakow seine Patienten ihre Träume in allen Einzelheiten erzählen und bittet sie dann, die negativen Bilder durch positive zu ersetzen. Mit Hilfe der Traumarbeit entwickeln sie neue Träume auf der Grundlage der alten und üben sie so lange ein, bis die positiven Träume die Albträume ersetzt haben.

Zusatzinformation

Während ihres Entzugs haben Alkoholiker und Drogenabhängige oft sehr agressive und quälende Albträume, in denen sie sich vor sich selbst ekeln und die mit Gewalttätigkeit zu tun haben.

TRAUM-
THEMEN

Wollen Sie Ihre Träume verstehen, ist es wichtig, mehr über die Themen zu erfahren, die sich für gewöhnlich unabhängig von Rasse, Kulturkreis oder sozialem Hintergrund durch die Träume ziehen. ∾ Laut Betty Bethards können Träume Ihnen dabei helfen, Ihr wahres Potenzial zu entdecken und sich so zu sehen, wie Sie wirklich sind. Sie meint, dass das einzige und schwierigste Hindernis auf dem Weg zur Selbstwahrnehmung die eigene Unwilligkeit ist, die uns innewohnenden Mittel zu nutzen. In Träumen und bei der Meditation lernen wir kostbare Lektionen für unser Leben, denn im Wachzustand liefert uns das Leben passende Gelegenheiten, das Gelernte anzuwenden.

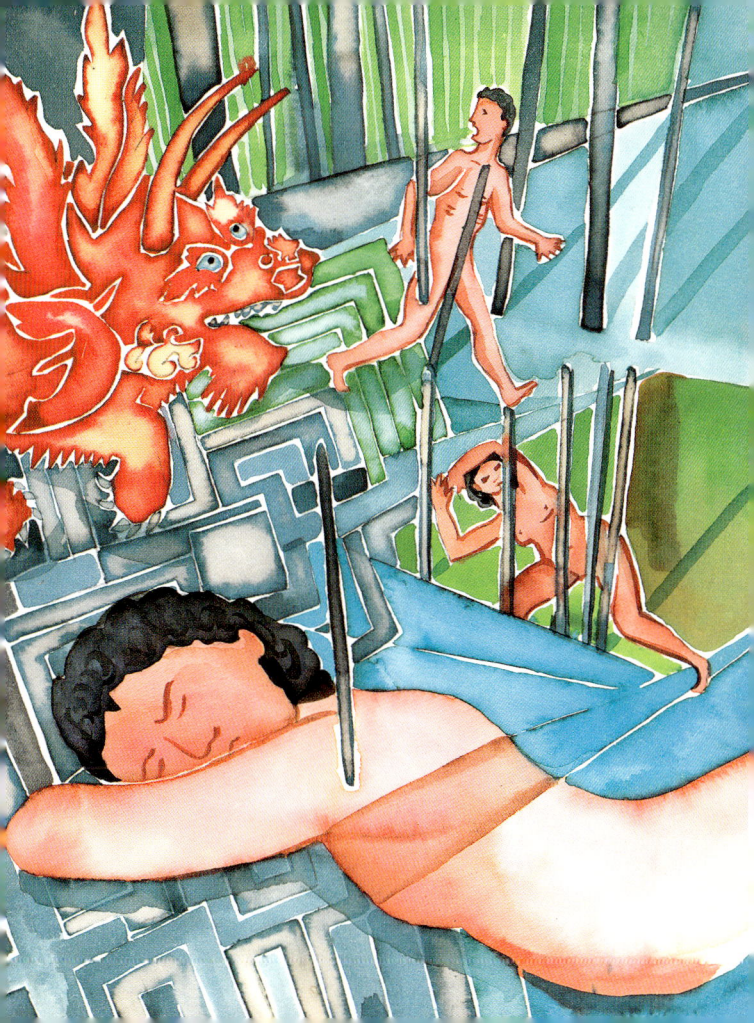

Der Lebenszyklus

Wunschdenken
Wenn Sie sich nach einem Kind sehnen, kann Ihnen ein Geburtstraum die Botschaft Ihres inneren Selbsts überbringen.

Es wird allgemein viel von Geburt und Tod geträumt. Diese symbolträchtigen Träume hat man oft in wichtigen Lebenssituationen, wenn eine Veränderung bevorsteht. Sie sind ein Zeichen dafür, dass ein Lebensabschnitt zu Ende geht und der nächste beginnt.

Geburt

Es überrascht nicht, dass mehr Frauen als Männer Geburtsträume haben. Bei Frauen ist ein Traum von Wehen oder Geburt eine Art unbewusste Vorbereitung auf die wirkliche Geburt. Betty Bethards und Lori Reid meinen, dass mit einem solchen Traum das innere Selbst mitteilt, dass ein Kinderwunsch vorliegt. Bei Männern ist er eher ein Zeichen von Angst davor, als Vater ausgeschlossen zu werden, wenn das Baby kommt.

Dennoch künden Geburtsträume hauptsächlich einen allgemeinen Neubeginn an. Besonders Männer verstehen sie als Hinweis auf neue geschäftliche Projekte oder kreative Ideen, während Frauen sie eher mit psychologischen Ereignissen verbinden, etwa eine neue Beziehung. Wenn Sie im Taum eine Geburt beobachten, kann Sie das entweder dazu auffordern, jemandem bei einer Veränderung beizustehen, oder es zeigt Ihre Sorge um das Wohlergehen anderer.

Tod

Todesträume sind immer beunruhigend, besonders wenn es um den Tod eines geliebten Menschen geht. Sie werden unterschiedlich interpretiert. Jung meint, dass der Träumer symbolisch versucht, emotionale Bindungen zu lockern. Der

Jungsche Analytiker Jeremy Taylor sagt, dass uns jeder Traum zwar auffordert, neue Einsichten zu entwickeln, der Tod jedoch das häufigste allgemeingültige Bild für spirituelles Wachstum ist. Seiner Meinung nach ist es egal, wer oder was im Traum stirbt, da ein solcher Traum in jedem Fall auf eine bedeutende Entwicklung hinweist, bei der die Art des Sterbens im Traum Aufschluss über die Stärke des Wunsches nach Veränderung gibt. Wenn der Träumer selbst stirbt, sind die Veränderungen grundlegender Art, stirbt ein anderer, sind sie subtiler. Wenn der Träumer Selbstmord begeht, ist der Entschluss dazu sehr bewusst. Gayle Delaney glaubt, dass Todesträume nichts mit solchen Veränderungen zu tun haben, sondern darauf hinweisen, dass ein Teil des Lebens grundlegend falsch läuft.

Zusatzinformation

David Fontanas glaubt, wenn Sie fest davon überzeugt sind, dass ein Verstorbener Sie im Traum besucht hat, dies sehr wohl tatsächlich der Fall gewesen sein kann.

Oberste Geschäftsführung
David ist Geschäftsführer in der Firma seines Vaters – ein bedeutender Erfolg für einen jungen Mann.

DER SARG

David wird im Traum Zeuge einer Geburt und sieht, wie der kleine Junge heranwächst. Zuerst hat er den Eindruck, dass es sich dabei um seinen Vater handelt, aber dann wird ihm langsam klar, dass er selbst dieser künstlerisch begabte, kreative Junge ist, der sich besonders mit Holzarbeiten beschäftigt, bevor er Wirtschaftswissenschaften studiert und in das Familienunternehmen eintritt. Als nächstes sieht er viele gesichtslose Menschen, die auf einer Beerdigung trauern. Einige sagen: „Eine Tragödie! Er war so jung und so talentiert." Im Sarg sieht er seinen eigenen Körper liegen. Als er näher hinschaut, öffnet die Leiche die Augen und sagt: „Ändere das".

Davids Kreativität wird unterdrückt, weil er aus Loyalität und Pflichtgefühl seine Energie in die Firma seines Vaters steckt.

Traumanalyse

Für die meisten Traumanalytiker geht es bei Träumen von Geburt oder Tod symbolisch um eine Veränderung im Leben des Träumers. Ein Todestraum macht deutlich, dass die Vergangenheit sprichwörtlich begraben werden muss, um neu nachzudenken oder um sein Bewusstsein zu erweitern. Ann Faraday meint, dass man bei Träumen über seinen eigenen Tod über das alte Selbstbild hinauswachsen soll.

David analysierte seinen Traum mit der Methode des leeren Stuhls. Er kam zu dem Schluss, dass der Traum ihm die Enttäuschung vor Augen hielt, zu einem Beruf gezwungen zu sein, den er von sich aus nie ergreifen wollte. Er hatte den Wunsch seines Vaters erfüllt anstatt seinen eigenen, Tischler zu werden. Er erkannte, dass er innerlich buchstäblich starb und seine Kreativität von dem Versuch, anderen zu gefallen, erstickt wurde.

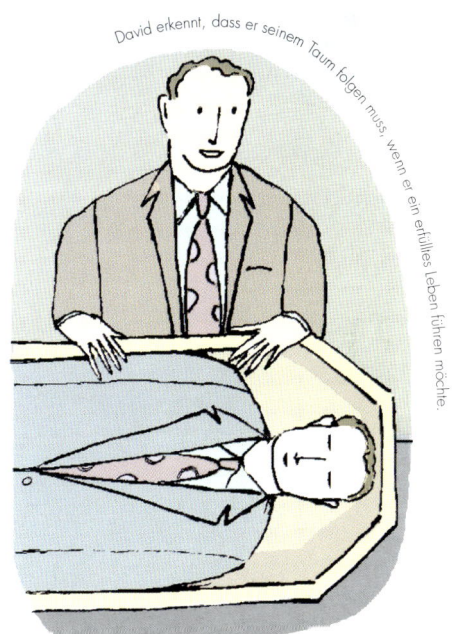

David erkennt, dass er seinem Traum folgen muss, wenn er ein erfülltes Leben führen möchte.

Angstträume

Opferrolle
Wenn Sie keinen Zusammenhang zwischen einem Angriffstraum und Ihrem Leben sehen, schließt das wahrscheinlich auf ein emotionales Problem.

Es gibt viele Träume, die unter die Kategorie der Angstträume fallen, z. B. die, in denen man gejagt, angegriffen oder gefangen genommen wird oder sich verläuft. Sie thematisieren die uralten Ängste der Menschen oder sehr tiefe, unterdrückte Probleme, mit denen man sich nicht auseinandersetzen will.

Die Jagd

Wenn man im Traum gejagt wird, wird man von Angst und Hilflosigkeit überwältigt. Man will vor seinem Verfolger davonlaufen, aber die Füße scheinen im Zement festzustecken. Es ist wichtig, sich anzusehen, wie sich die Verfolgung entwickelt. Schaffen Sie es, ihrem Verfolger zu entkommen, oder holt er auf? Haben Sie den Mut, sich umzudrehen und ihn anzusehen? Wenn Sie das können, löst sich die Angst zusammen mit dem Verfolger meist in Luft auf.

Für Jeremy Taylor symbolisiert so ein Traum die innere Aufforderung, unnötige Vorstellungen oder Emotionen loszulassen, um sich weiterentwickeln zu können. Wenn dies nicht geschieht, wiederholen sich solche Träume, bis Sie erkennen, wovor Sie Angst haben oder was Sie sich zu verändern weigern.

Sich gefangen fühlen

Die Parallele zwischen Traum und Wirklichkeit zu ziehen ist nicht schwer, wenn man davon träumt, in einem Käfig oder einer Falle zu stecken. Was hindert Sie im Leben, weiterzukommen? Fühlen Sie sich unfähig, Verantwortung zu übernehmen oder Lasten tragen zu müssen, die Ihnen zu schwer sind? Ist Ihre persönliche Freiheit in Gefahr? Oder sind Sie durch fehlendes Selbstvertrauen behindert? Finden Sie die Quelle Ihres Unwohlseins und diese Art von Traum hört auf.

Unter Beschuss

In Träumen wird ein Angriff oft zur Verfolgung, wenn Sie instinktiv mit Flucht reagieren. Ihr Angreifer kann viele Formen annehmen – ein Monster, eine Person, ein Tier oder eine Kreatur.

Meistens brauchen Sie nicht lange zu suchen, um ihren „Gegner" zu erkennen. Gibt es z. B. in Ihrem Berufsleben ungelöste Konflikte mit jemandem am Arbeitsplatz? Wenn Sie in Ihrem Umfeld keinen Aggressor finden, schauen Sie nach innen: Bestrafen Sie sich vielleicht selbst für einen ungelösten inneren Konflikt?

Zusatzinformation

Calvin Hall hat Angriffsträume sehr intensiv erforscht und folgendes entdeckt: Wenn der Gegner ein Mensch und kein Tier ist, handelt es sich meist um männliche Aggressoren.

Selbstzweifel

Harry hat eigentlich alles, was er zum Erfolg braucht, wenn er nur seinem eigenen Urteilsvermögen trauen könnte.

VERLAUFEN

Harry befindet sich im Traum in einer großen, dunklen, unterirdischen Höhle. Er weiß zwar, dass er noch nie dort war, ist sich aber sicher, dass er den Ausgang finden kann. Bei dem Versuch seine Position zu bestimmen, dreht er sich im Kreis und verliert jeden Orientierungssinn. Er merkt, er hat sich hoffnungslos verlaufen. Er sieht aus mehreren Richtungen von oben Lichtstrahlen einfallen, weiß aber nicht, welcher ihm den Weg an die Oberfläche weist. Vor lauter Angst und Hilflosigkeit bricht er auf dem Boden zusammen und gibt sich geschlagen.

In einer fremden Umgebung gerät Harry in Panik anstatt nachzudenken und einen Ausweg zu suchen.

Traumanalyse

Wenn man davon träumt, sich verlaufen zu haben, weist das auf Orientierungslosigkeit im Leben hin – dass man unsicher ist und sich nicht entscheiden kann. Jung würde sagen, dass der Traum die gesellschaftliche Fassade eingerissen hat – die Persona – um die wahren inneren Gefühle zu zeigen. Nach Jeremy Taylor braucht man nur die Verbindung zwischen diesen Gefühlen und dem täglichen Alltag herzustellen und erkennt, welcher Lage man nicht mehr Herr ist. Wenn man nicht aufhört, sich diese Frage zu stellen, sollte man das Problem lösen können.

Bei Harry ist der Schauplatz im Traum sehr bezeichnend. Die Höhle steht für das Unterbewusstsein, für die unerforschten Teile des Selbst. Es ist ebenfalls typisch, dass er sich auf der Suche nach dem Ausgang im Kreis dreht. Er sucht fast die Auswegslosigkeit, obwohl er instinktiv genau weiß, dass er den Ausgang finden kann. Im Traum bedeutet Licht immer Erleuchtung. Also sagen ihm die Lichtstrahlen, dass er das nötige Wissen hat, um sein Problem zu lösen. Er muss nur lernen, auf sein eigenes Urteilsvermögen zu hören und sich die Lösung zuzutrauen.

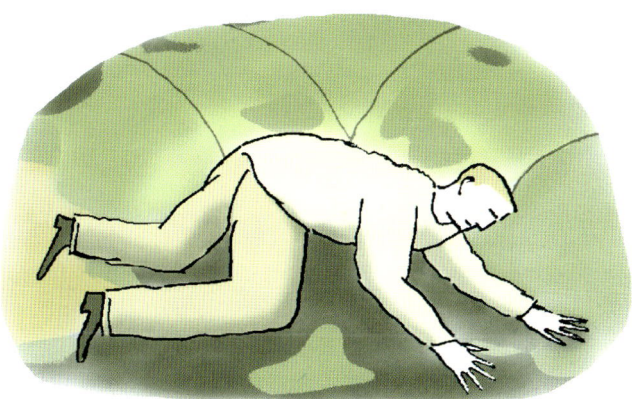

Ohne Glaube an sich selbst siegt seine Angst vor dem Versagen und er gibt sich geschlagen.

Die Prüfung bestehen

Kinderleicht
Wenn jemand eine Prüfung ablegen muss und davon träumt, bekommt er Untersuchungen gemäß meist gute Noten.

Im Traum gibt es vielerlei Arten von Prüfungen: Abitur, Staatsexamen oder die Aufführung eines Theaterstücks oder eines Liedes. Prüfungsträume erzeugen für gewöhnlich Angst, weil der Träumer unerwartet vor seiner Prüfung steht, sich unvorbereitet fühlt, fürchtet, alles vergessen zu haben oder sich der Aufgabe einfach nicht gewachsen fühlt. Einige Träumer berichteten sogar, dass sie sich im Traum gewissenhaft auf eine Prüfung vorbereitet hatten, sich ihr siegessicher stellten und dann feststellen mussten, dass sie das Falsche gelernt hatten. Oder sie hatten Mühe, eine Prüfung zu bestehen, von der sie genau wussten, dass sie sie schon vor Jahren bestanden hatten. Ähnlich ergeht es Ihnen, wenn Sie im Traum eine Rede halten oder singen sollen, auf die Bühne gehen und Ihr Kopf völlig leer ist.

Vorbereitet sein

Gayle Delaney fragte ihre Studenten, ob sie Prüfungsträume vor einer echten Prüfung hatten und ob sie sich gut vorbereitet gefühlt hatten oder nicht. Manche Träumer können sich durchaus sehr gut vorbereitet haben, sind aber solche Perfektionisten, dass sie überängstlich werden und ihre Fähigkeiten anzweifeln. In solchen Fällen zeigt der Traum, dass der Träumer an seinem Selbstvertrauen und seiner Pedanterie arbeiten sollte.

Danach bittet Delaney ihre Träumer, sich die Einzelheiten der Prüfung genau anzusehen, um sicherzugehen, ob es wirklich um eine Prüfung im wachen Leben geht und wie sie damit fertig werden. Wenn sich der Traum wiederholt, fragt sie die Träumer, ob die

Prüfungssituation etwas mit Abgabeterminen und anderen „Tests" am Arbeitsplatz oder zu Hause zu tun haben könnte.

Wenn der Träumer behauptet, dass er die Prüfungsaufgaben nicht lesen könne, sie ein falsches Thema betreffen oder sie einfach nur unfair sind, soll er die Leute beschreiben, welche die Aufgaben stellen, um herauszufinden, wofür sie im Leben des Träumers stehen. Wenn ein Träumer sich erst einmal entschließt, ein Thema, auf das er nicht vorbereitet ist, anzugehen, kann er die Aufgabe meist in angemessener Zeit angstfrei und ohne Selbstvorwürfe lösen. Nach William Domhoff und Calvin Hall spiegeln Träume das Leben und Menschen mit Prüfungsträumen stehen wirklich vor realen oder emotionalen Prüfungen im Leben.

Zusatzinformation

Für Alfred Adler bedeuten Prüfungsträume, dass man noch nicht bereit ist, sich Problemen zu stellen, und dass man darauf achten sollte, wann man die gleichen Gefühle wie im Traum hat.

Überflieger

Bill war gerade zum Leiter der Finanzabteilung eines internationalen Konzerns befördert und dabei vielen älteren Kollegen vorgezogen worden.

FALSCHE QUALIFIKATIONEN

Bill träumte, dass er als jüngster Mitarbeiter zum Leiter der Finanzabteilung befördert wurde. Plötzlich tauchen Gerüchte auf, dass es die Empfehlungsschreiben gar nicht gibt, dass er sein Examen nicht bestanden hat und sein Hochschulabschluss nicht gültig ist. Zu seinem Entsetzen stellt er fest, dass alles stimmt, auch wenn er es nicht versteht. Er weiß, dass er die Qualifikationen alle hat. Seine Freunde verlassen ihn und ihm wird gekündigt. Er muss zurück an die Universität, um das entscheidende Examen erneut abzulegen, mit dem er seinen Job und seine Selbstachtung wiedererlangen kann.

In Bills Traum reden Freunde hinter seinem Rücken über seine fehlende Erfahrung und Qualifikation.

Traumanalyse

In ihrem Buch *The Dream Oracle (Das Traumorakel)* entwickelten David Melbourne und Keith Hearne einen auf dem Alphabet basierenden Traumkodex: A = Avarice (Habgier), B = Brevity (Kürze), C = Consequence (Konsequenz) usw. Vor dem Schlafengehen schauen sich die Träumer die Bedeutungen an und bitten um einen problemlösenden Traum. Meist erscheint ihnen dann im Traum überdeutlich ein bestimmter Buchstabe, unter dem man im Wachzustand die Bedeutung des Traums nachlesen kann. Bill sah, dass in seinem Traum überall der Buchstabe „F" (für Finanzen, Fehlschlag, gefeuert) auftauchte. Im *Traumorakel* stand der Buchstabe „F" für Faith (Glaube, Vertrauen). Seine Vorgesetzten hatten ihm vertraut und ihm die neue Position zugetraut, ohne seine Fähigkeiten in Frage zu stellen. Sie hatten ihn vor seinen älteren Kollegen befördert. Auch Bill muss lernen, an sich selbst und an seine Fähigkeiten zu glauben.

Im Traum muss Bill zurück zur Universität, um notwendige Qualifikationen zu erlangen, die er in Wirklichkeit schon hat

Der Körper

Aufrecht stehen
Im Traum spricht eine aufrechte Haltung für die Beherrschung der spirituellen und intellektuellen Kräfte.

Der Körper oder auch nur ein Teil davon spielt in Träumen oft eine wichtige Rolle. Man sollte zwar bei der Deutung immer an die zur Zeit des Traums herrschenden Lebensumstände denken, aber auch physische, symbolische und kompensatorische Erklärungen in Betracht ziehen.

Auf der physischen Ebene kann ein Traum von einem bestimmten Teil des Körpers vor bevorstehenden gesundheitlichen Problemen warnen. Wenn man sich im Traum verschluckt oder Probleme mit dem Hals hat, wird symbolisch darauf hingewiesen, dass der Träumer sich schwer tut, neue Erfahrungen oder Ideen anzunehmen oder zu verdauen oder dass er Kommunikationsschwierigkeiten hat. Im Traum können generell körperliche Probleme des täglichen Lebens kompensiert werden. Wenn man sich übergewichtig fühlt, erscheint man im Traum oft in einem schlanken Körper.

Köpfe und Hände

Der Kopf ist eher der Sitz des Intellekts als der von Intuition und Gefühl. Wenn man also von einem Kopf träumt, kann es bedeuten, dass der Intellekt überbewertet wird. Wenn der Kopf unverhältnismäßig groß ist, signalisiert das Unterbewusstsein dem Träumer wahrscheinlich, dass er egoistische Verhaltensweisen dämpfen sollte.

Die besonders ausdrucksstarken Hände symbolisieren die Ausdrucksweise des Träumers. Betty Bethards meint, dass man darauf achten soll, welche Hand im Traum bedeutungsvoll ist, denn mit der linken Hand empfangen und mit der rechten geben wir.

Wenn die linke Hand verletzt ist, bedeutet es, dass sich der Träumer vom Leben abschneidet, während er bei einer verletzten rechten Hand zu viel von sich fortgibt. Wenn ein Finger in eine bestimmte Richtung weist, zeigt er dem Träumer entweder den Weg oder er geht ein Problem an, meint Bethards. Wenn es der mahnende Zeigefinger ist, sollte er Verantwortung für sein Handeln übernehmen.

Der Rücken

Wenn der Rücken eine entscheidende Rolle spielt, sollten Sie sich ansehen, worauf Sie sich im Leben stützen und welche Charakterstärke Sie haben. Eine aufrechte Haltung spricht für die Beherrschung der spirituellen und intellektuellen Kräfte, während eine gebeugte Haltung von fehlendem Rückgrat zeugt.

Zusatzinformation

Augen stehen in Träumen für Erleuchtung. Wenn Sie blind sind oder die Augen geschlossen haben, wollen Sie die Wahrheit nicht sehen und sollten nach innen schauen.

Schüchtern und zurückhaltend

Daniel ist ein von Natur aus zurückhaltender Mann, der sich mit dem Ende einer langen Beziehung abfindet.

MIR FALLEN DIE ZÄHNE AUS!

Daniel träumt, dass er nach dem Rasieren im Badezimmer vor dem Spiegel steht. Plötzlich merkt er, dass etwas Seltsames mit seinen Zähnen passiert. Er merkt, wie einige wegbröckeln und im Mund pulverisieren. Als er die Zahnkrümel ausspucken will, fallen ihm weitere Zähne aus. Er versucht, sie ins Zahnfleisch zurückzudrücken, aber dabei fallen ihm nur noch mehr Zähne aus, bis er völlig zahnlos ist. Daniel schaut entsetzt sein Spiegelbild an und fragt sich, ob er wohl jemals wieder richtig lächeln oder reden können wird.

Daniel träumt, dass er im Spiegel sieht, wie sich seine Zähne auflösen und ausfallen.

Traumanalyse

Zahn- oder Haarausfall kommen in Träumen sehr häufig vor und die meisten von uns haben früher oder später schon einmal davon geträumt. Artemidoros, der griechische Autor der *Oneirocritica* (s. S 38–39), berichtet als einer der ersten davon. Für ihn steht die obere Zahnreihe für den Haushaltsvorstand und die untere für die Sklaven. Demzufolge bedeutete der Verlust einer von ihnen Turbulenzen im entsprechenden Bereich und der Verlust beider Zahnreihen, dass der gesamte Haushalt vor ernsten Problemen steht. Einige Autoren sehen in der Zahnlosigkeit ein Zeichen für Angst vor dem Alter.

Daniel konnte am meisten mit der Deutung von Jeremy Taylor anfangen, für den Zahn- oder Haarverlust im Traum von mangelndem Selbstbewusstsein und Hilflosigkeit zeugt. Er beteuert jedoch, dass allein schon die Tatsache, dass der Träumer sich an einen solchen Traum erinnert, davon zeugt, dass er sehr wohl die Mittel hat, mit jeder Situation effektiv und kreativ fertigzuwerden. Daniel tat dieser Aspekt gut, denn seine Freundin hatte gerade mit ihm Schluss gemacht. Er hatte sich dem erst nicht gewachsen gefühlt, doch nach der Traumarbeit ist er dazu in der Lage, die Vergangenheit hinter sich zu lassen.

Der Zahnverlust löst bei Daniel Schrecken und dann panische Angst davor aus, sich nie wieder in der Öffentlichkeit sehen lassen zu können.

Peinliche Träume

Unsichtbare Nacktheit
In vielen Träumen von Nacktheit scheinen die anderen das Unbehagen oder die fehlende Kleidung des Träumers nicht wahrzunehmen.

Es gibt Träume, in denen man vor lauter Peinlichkeit oder Demütigung vergehen möchte. Meist bewegt sich der Träumer völlig nackt in der Öffentlichkeit, sieht überall Exkremente herumliegen oder verspürt den Drang zur Toilette gehen zu müssen. Diese Träume weisen oft darauf hin, dass man sich im Stich gelassen oder einer Situation nicht gewachsen fühlt.

Nackt in der Öffentlichkeit

Träumer, die sich im Traum plötzlich nackt in der Öffentlichkeit wiederfinden, sind im Allgemeinen wie gelähmt und unfähig, sich irgendwo zu verstecken. Meist müssen sie auch feststellen, dass niemand im Traum ihr ungewöhnliches Auftreten und ihre Scham wahrnimmt.

Anders als Freud glaubt Gayle Delaney, dass diese Träumer lediglich mit ihrer Verletzlichkeit kämpfen. Die Reaktionen der Träumer und der anderen Figuren sind sehr bezeichnend, denn sie enthüllen nicht nur den Grad der Verletzlichkeit, sondern zeigen deutlich, dass die Angst vor einer „Entblößung" ungerechtfertigt ist.

Für Jeremy Taylor und Robert van de Castle (die mit dem Psychologen Calvin Hall ein verständliches Codierungssystem für Träume erarbeiteten) steht die Kleidung für die Persona oder die Persönlichkeit, die der Träumer in der Öffentlichkeit präsentiert. Entsprechend haben Sie im nackten Zustand mehr von sich selbst preisgegeben als Sie es gewöhnlich tun oder für angebracht halten. Wenn die Zuschauer das nicht sehen, bedeutet das für Jeremy Taylor, dass Ihre Selbstenthüllung unbemerkt bleibt. Wenn sie jedoch empört sind, dann heißt das, dass Ihre Umgebung von Ihrem wahren Gesicht entsetzt ist. Robert van de Castle sieht das anders. Im ersten Fall meint er, dass es sinnlos ist, sich einem „Publikum" zu offenbaren, das kein Interesse an Ihnen hat. Im zweiten Fall wird die Unaufrichtigkeit der anderen deutlich, nicht die Unzulänglichkeit des Träumers.

Exkremente überall

Für Jeremy Taylor ist dieser Traum besonders aufschlussreich. Er bedeutet dem Träumer, dass er sich „unsauberer" Gefühle wie der Scham entledigen soll, und zeigt ihm, wie schlimm es um ihn steht. Er muss die „Exkremente des Lebens" loswerden, um weiterkommen und sich verändern zu können.

Zusatzinformation

Untersuchungen ergaben, dass Männer häufiger als Frauen von Nacktheit in der Öffentlichkeit träumen. Vielleicht fällt es ihnen schwerer, emotional mit anderen umzugehen, und sie sind verletzbarer, wenn sie innerste Gefühle preisgeben.

Kompensation

Sams Vater starb sehr jung und Sam arbeitete in jeden Ferien, um seine Mutter und die jüngere Schwester zu unterstützen.

ICH MUSS DRINGEND

Sam träumt, dass er in einer sehr geschäftigen Stadt ist. Er muss dringend zur Toilette, aber jedes Hotel, Geschäft und Restaurant, das er aufsucht, hat entweder keine Toilette oder sie ist schon besetzt. Ihm ist bewusst, dass er bald eine finden muss, sonst müsste er sich auf der Straße erleichtern. Endlich sieht er eine öffentliche Toilette und eilt hinein, doch alle Toilettenbecken stehen ohne Trennwand in einem Raum.

Sam kann im Traum keine Toilette finden und ist völlig verzweifelt.

Traumanalyse

Träume vom Urinieren bedeuten zwar sehr oft, dass der Drang real ist und das Traumbewusstsein nur auf das physische Bedürfnis reagiert, aber sie sind auch Anzeichen für problematische Gefühle, die im Leben nicht bearbeitet wurden. Jeremy Taylor meint dazu, dass so wie der Körper regelmäßig Blase und Darm entleeren muss und wie sich ohne diese biologischen Funktionen die bei der Verdauung entstehenden Toxine ansammeln und uns vergiften würden, wir ebenso auch unsere tiefsten Gedanken und Gefühle erforschen und zum Ausdruck bingen müssen und uns – wenn nötig – der unreinen und überholten Gefühle entledigen müssen. Physisch kann man zwar entscheiden, wann und wo man sich entleeren möchte, aber man kann es nicht endlos hinausschieben, wie wir es oft bei der Bearbeitung unserer Gefühle tun.

Sam erkennt, dass er beim Tod seines Vaters wütend war und sich in die Arbeit gestürzt hatte, um seine Gefühle von Schuld und Kummer zu kompensieren. Der Traum zeigt ihm, dass er sich genau der Gefühle entledigen muss, die ihn einst überleben ließen, ihn jetzt aber zum Krüppel machen. Dass er ungestört sein und sich sicher fühlen möchte, wenn er seinen Gefühlen freien Lauf lässt, ist verständlich und normal.

Als Sam endlich eine Toilette findet, kann er sie nicht benutzen, weil sie fürchterlich ungeschützt ist!

Sexuelle Träume

Es lebe der kleine Unterschied
Es überrascht nicht, dass die sexuellen Träume von Männern und Frauen inhaltlich grundverschieden sind.

Jeder von uns hat manchmal sexuelle Träume. Manche sind sehr erotisch und sinnlich, andere eher unangenehm und beunruhigend, wenn man z. B. davon träumt, sein Geschlecht zu wechseln, in aller Öffentlichkeit Geschlechtsverkehr zu haben, beim Geschlechtsakt überrascht zu werden oder mit jemand anderem als mit dem eigenen Partner zu schlafen.

Frauen träumen gern von sexuell erfahrenen Männern, die rücksichtsvoll auf ihre emotionalen und sexuellen Bedürfnisse eingehen und gern mit der Träumerin schlafen. Männer träumen am liebsten von ungehemmten Frauen, die zu allem bereit sind.

Freudsche Fehlleistungen

Freud untersuchte zuerst sexuelle Zusammenhänge im Traum. Solche Träume zeigen ihm jedoch nur die wahre Natur von Männern und Frauen. Als Calvin Hall die Bilder analysierte, die Freud für sexuelle Symbole hielt, fand er 102 Symbole für den Penis, 95 für die Vagina und 55 für den Geschlechtsakt. Die Hartnäckigkeit, mit der Freud fast alle Symbole für den Ausdruck unterdrückter sexueller Wünsche hielt, hat vielleicht für das Unbehagen gesorgt, das wir heute noch empfinden, wenn wir über sexuelle Träume sprechen.

Ein positiver Ansatz

In ihrem Buch *Sensual Dreaming (Sinnlich träumen)* beschäftigt sich Gayle Delaney ausführlich mit diesem Thema und meint, dass die Untersuchung und das Verständnis der sexuellen Träume

Einsicht in die eigene Sexualität gewähren und dass diese Träume helfen, mit den diesbezüglichen Hemmungen, psychologischen Problemen oder Perversionen fertig zu werden.

Sexuelle Träume haben jedoch nicht nur mit Sex zu tun. Nach Delaney können sie auch auf emotionale Probleme aufmerksam machen. Wenn man von einem unerwarteten Liebhaber träumt – besonders wenn dies mit sexueller Umorientierung zu tun hat –, kann es um eine unbekannte Seite der Psyche oder um Eigenschaften gehen, die man für ein neues Lebensziel braucht.

Wovon werden Sie im Traum vergewaltigt? Für Delaney and Faraday kann es einfach Gedankenübertragung sein, weil man sich unbewusst von jemandem oder etwas vergewaltigt fühlt. Der Traum macht dies bewusst.

Zusatzinformation

Eine Untersuchungsreihe im Traumlabor des Sacré-Coeur-Krankenhauses in Montréal, Kanada, zeigte 1996, dass Frauen fast genauso häufig sexuelle Träume haben wie Männer.

Der Richtige
Juliette war immer ängstlich darauf bedacht, ihren Eltern zu gefallen, besonders bei der Wahl ihres Freundes.

WAS IST HIER LOS?

Juliette träumt, dass sie mit ihrem neuen Freund Karl das Haus ihrer Eltern hütet, während diese in Urlaub sind. Sie und Karl essen gemütlich, baden gemeinsam und gehen schließlich zusammen ins Bett. Das Vorspiel ist heftig und der Geschlechtsverkehr der beste, den sie je gehabt hat. Als sie beide ihren Höhepunkt erreichen, geht die Tür auf und die Eltern kommen ins Zimmer. Juliette und Karl erstarren vor Schreck, im Bett der Eltern erwischt worden zu sein. Diese reden jedoch mit den beiden, als ob nichts geschehen wäre. Die Mutter räumt sogar auf und putzt Staub. Juliette und Karl sind wie gelähmt, aber ihre Eltern scheinen nichts Ungewöhnliches zu bemerken.

Im Traum genießt Juliette jeden Teil des wundervollen Abends mit Karl.

Traumanalyse

Wenn der Jungsche Analytiker und klinische Psychologe Dr. August Cwik sexuelle Träume deutet, erinnert er zunächst an die Kompensierungsfunktion von Träumen. Fragen Sie sich zunächst selbst, welche Einstellung Sie zur Sexualität haben. Wenn die Menschen im Traum aus Ihrem Leben stammen, sollte man den Traum ganz objektiv angehen, weil er Ihnen wahrscheinlich etwas über Ihre Beziehung zu diesen Menschen sagt. Da Eltern sich wohl kaum in Ihre Beziehung drängen, ist ihr Auftauchen unter solch kompromittierenden Umständen wahrscheinlich mit einem Gefühl verbunden, das Sie zwar mit ihnen identifizieren, das aber Ihr sexuelles Leben beeinträchtigt.

Bei Juliette muss also etwas, das sie mit den Eltern verbindet, ihre Beziehung zu Karl beeinträchtigen. Sie glaubt, dass es damit zu tun hat, dass es ihr immer wichtig war, ob die Eltern mit ihrem Freund einverstanden sind. Daraus, dass sie sich im Traum mehr durch die Gegenwart ihrer Eltern gestört fühlte als ihre Eltern durch ihre und Karls, schließt sie, dass sie ihrem eigenen Urteil mehr vertrauen sollte, statt die Meinung ihrer Eltern zu befürchten.

Juliette und Karl sind entsetzt, im Bett ihrer Eltern erwischt worden zu sein. Die Eltern bemerken aber die missliche Lage der Liebenden nicht.

Was macht das Wetter mit Ihnen?

Wetterbericht
Im Traum erzeugt das Wetter dieselben Gefühle wie im Wachzustand.

So, wie Sie im täglichen Leben durch Wetterveränderungen beeinträchtigt werden, so spiegelt auch das Wetter im Traum die damit verbundenen Gefühle wieder. Vielleicht kennen Sie die Lebensfreude und Kraft, die man im Frühling und Sommer erlebt, und die jahreszeitlich bedingte Depression in den dunklen Wintermonaten. Denken Sie daran, dass sich in Ihren Träumen die Eigenschaften von Licht und Wärme in nichts von denen unterscheiden, die Sie im Wachzustand erleben. Das hilft, Träume vom Wetter zu deuten. Wenn Ihnen das Wetter im Traum besonders auffällt, schreiben Sie es auf, denn dann ist es ein Schlüsselsymbol. Spielt es nur eine Nebenrolle, dann lassen Sie sich in Ihrem Urteil nicht durch das Wetter von der eigentlichen Bedeutung des Traums ablenken. Es kann auch einfach nur zeigen, dass es Ihnen im Bett zu heiß oder zu kalt ist.

Sonne, liebe Sonne

Wir alle fühlen uns wohler, wenn die Sonne scheint. Tut sie das im Traum, können Sie sicher sein, dass die Botschaft positiv ist. Ein farbintensiver Sonnenaufgang kann einen lebenswichtigen Durchbruch in einer Beziehung oder Ähnlichem ankündigen oder Ihnen bestätigen, dass Sie auf dem richtigen Weg sind.

Wolken verdunkeln die Sonne und können auf bevorstehende Probleme hinweisen. Bricht die Sonne durch, erahnen Sie gute Aussichten.

Regen und mehr Regen

Im Traum wie im Leben kann Regen ein düsteres Licht auf Ihre Situation werfen, aber er spült auch Staub und Schmutz fort. Schauen Sie sich die anderen Umstände im Traum genau an und entscheiden Sie erst dann, ob der Regen eine Depression oder den Verlust Ihrer Hoffnungen und Pläne bedeutet oder ob er Ihnen rät, Ihren Kopf für neue Aufgaben freizumachen.

Die eisige Jungfer

Wenn es in Ihren Träumen häufig um Eis geht, sollten Sie sich überlegen, ob Sie Ihre Gefühle auf irgendeine Weise eingefroren haben, um nicht verletzt zu werden. Sind Sie unsensibel oder überempfindlich? Haben Sie sich von Ihren Gefühlen abgeschnitten und wollen Sie immer auf der Hut sein? Wenn Sie sich im Traum auf dünnem Eis bewegen, sind Sie sich eines Risikos bewusst, das Sie lieber nicht eingehen sollten.

Hurrikan Andrew
Die Naturgewalt eines Orkans oder Tornados jagt im Traum ebenso viel Angst und Schrecken ein wie in der Realität.

DER HURRIKAN

Ein Sturm zieht auf und es ist nicht nur ein einfacher Sturm. Ein Hurrikan fegt alles weg, was sich auf seinem Weg befindet. Sein ständiger Wirbel hat etwas Faszinierendes an sich. Sie beobachten aus der Ferne, wie er sich Ihnen unerbittlich nähert und wie die dünne Säule auf ihrem Weg Verwüstung hinterlässt. Der Windtrichter scheint bis in den Himmel hinaufzureichen und spuckt Trümmer und Regen aus. In seinem Zentrum peitschen die Winde mit der Geschwindigkeit von 160 kmh. Wasserdunst, Meeresgischt und Schutt werden in die Atmosphäre geschleudert. Hausdächer werden mühelos abgedeckt und Büsche werden in die Luft gewirbelt. Dennoch bleibt an seiner Peripherie alles unberührt.

Der Sturm warnt Sie vielleicht vor überwältigenden Gefühlsausbrüchen, die Sie nicht mehr unter Kontrolle haben.

Traumanalyse

Viele Traumdeuter glauben, dass stürmisches Wetter auf die eine oder andere Art auf den plötzlichen Ausbruch von Kräften hinweisen, die man nicht mehr kontrollieren kann. Das können eine innere Umwandlung, eine Gefühlsüberschwemmung oder eine Welle von Leidenschaft sein.

Jeremy Taylor ist aufgefallen, dass solche Träume in den letzten Jahren immer häufiger vorkommen, wenn auch mit unterschiedlichen Bedeutungen. Durch die globale Erwärmung verändert sich das Wetter und es erstaunt darum nicht, dass Hurrikane auch in Träumen häufiger auftauchen. Aber das reicht nicht als Begründung. Taylor ist davon überzeugt, dass ein kollektives Bewusstsein am Werk ist, da wir für unseren Planeten nur dann Verantwortung übernehmen können, wenn wir unser Bewusstsein erweitern, innerlich wachsen und uns weiterentwickeln. Taylor führt aus, dass wir zwar äußerst geschickt unsere physische Welt manipulieren können, aber immer noch in den Kinderschuhen stecken, wenn es darum geht, die untersten Schichten unserer inneren Welt zu verstehen. Mit anderen Worten: Wir wissen viel, nur nichts über uns selbst. Er weiß zwar, dass nur der Träumer selbst seine Träume richtig deuten kann, glaubt aber, dass Hurrikane in Träumen sowohl individuelle als auch soziale Veränderung symbolisieren, die wir intuitiv als notwendig und unvermeidbar akzeptieren. Diese Träume zeugen von einer noch unvollständigen Beziehung des Träumers zu tiefer liegenden, spirituellen oder psychologischen Themen. Wenn er sich noch daran erinnern kann, heißt das für Taylor, dass er für eine bessere Selbsterkenntnis bereit ist.

Es ist wichtig, wie man den eigenen Hurrikan meistert, da die Konsequenzen bedeutsam sind.

Die Traumlandschaften

Eine neue Perspektive
Die Deutung der Traumlandschaft gewährt Einblick in die eigene innere Landschaft.

Ernest Hartmann, Professor der Psychiatrie an der medizinischen Fakultät der Universität von Tufts in Massachusetts, hält den Schauplatz des Traums für sehr wichtig, weil er eine klare Metapher für den emotionalen Zustand des Träumers ist. Er ist eine Momentaufnahme der Traumbotschaft bezüglich Stimmung, Gefühlen und Sachverhalten.

Ihre Träume spielen mit Ihren Handlungen und Emotionen und stellen jeden Gedanken, jedes Gefühl und jede Erinnerung nebeneinander. Für Prof. Hartmann ist der Traumzustand wie eine Therapie, weil man in ihm in sicherer Umgebung emotionale oder psychologische Verbindungen herstellen, Erfahrungen machen und auftauchende Probleme lösen kann.

Der Garten Eden

Nach Hartmanns Theorie sind grüne Wiesen, farbenfrohe Pflanzen und belaubte Bäume Zeichen für positive Aussichten und Emotionen und ein gewisses Maß an Erfolg. Wenn Sie all das aus der Ferne von einer öden Landschaft aus sehen, sind Sie vielleicht noch deprimiert, spüren aber gute Zeiten auf sich zukommen. Wenn Sie in einer ländlichen Idylle plötzlich leere Flaschen, Dosen und anderen Müll herumliegen sehen, sind Sie im Leben vielleicht etwas selbstgefällig und sollten aufwachen und die Realität sehen. Sehen Sie Sumpf- oder Wüstenlandschaften, bewegen Sie sich wahrscheinlich auf unsicherem Boden oder Ihre Beziehungen stagnieren und Sie sollten weiterziehen. Auch das Gelände hat eine Bedeutung. Ihr Weg durch das Leben kann demzufolge durch sanfte Hügel oder – weil Sie gefordert werden wollen – über steile Berge gehen.

Der Lebensbaum

Im Allgemeinen symbolisieren Bäume Wachstum, ihre Wurzeln Fundamente, ihre Stämme Stärke und Halt. Die Hauptäste stehen für die Fähigkeiten des Träumers und die Blätter für seine Anstrengungen. Wenn Ihr Baum blüht und ausladende Äste hat, sind Sie emotional gesund und liebevoll. Sie sollten aber nicht vergessen, das tote Holz regelmäßig herauszuschneiden, damit Wachstum auch in Zukunft möglich ist. Wenn Ihr Baum nicht geliebt, ungepflegt und kahl ist, wissen Sie Ihr Potenzial nicht zu schätzen, weil es Ihnen an Selbstwertgefühl mangelt.

Zusatzinformation

Nicht nur die Traumlandschaft ist wichtig, sondern auch das, was Sie darin tun. Da es aber immer Ihre eigenen Bilder sind, können auch nur Sie die Bedeutung richtig deuten.

Schwierige Wahl
Lucy muss sich zwischen ihrer Karriere und Freunden sowie Familie entscheiden.

BRÜCKE ÜBER BEWEGTES WASSER

Im Traum ist Lucy mit Freunden und ihrer Familie zu Fuß unterwegs. Nach einer Weile ist die gesamte Gesellschaft verschwunden und sie muss den Rest der Reise alleine machen. Sie kommt zu einer Seilbrücke, die über eine tiefe Schlucht gespannt ist. Tief unten sieht sie stürzendes Wasser. Es ist die einzige Möglichkeit, auf die andere Seite zu gelangen. Trotz großer Angst schließt sie die Augen, hält sich rechts und links an den Seilen fest und betritt die schwankende Brücke, die im gleichen Moment unter ihren Füßen fest wird.

Lucy steht unentschlossen am Rand und wagt nicht, nach vorn zu gehen. Zurück will sie aber auch nicht.

Traumanalyse

Gayle Delaney wiederholt auch in diesem Zusammenhang, dass Träume nie Zufallsprodukte sind, sondern immer den Teil des Lebens zeigen, mit dem man sich befassen sollte. Nachdem Lucy mit Delaneys Interviewtechnik einem Freund alle Einzelheiten erzählt hatte – auch wie sie sich im Traum und im Wachzustand fühlte –, merkte sie, dass die Brücke eine Übergangsphase in ihrem Leben symbolisierte. Ihr war ein sehr guter Job mit der Aussicht auf eine Karriere angeboten worden, für den sie jedoch ans andere Ende des Landes ziehen musste. Sie hatte sich lange mit der Entscheidung gequält, ob sie ihre Familie und ihre Freunde dafür verlassen wollte, denn sie war in ihrer derzeitigen Umgebung sehr glücklich. Der Traum zeigte ihr, dass sie für diese Veränderung bereit war und dass ihre Familie sie immer in Gedanken begleiten würde, egal wohin sie ging.

Als Lucy sich schließlich entscheidet, die Brücke zu überqueren, gelangt sie sicheren Fußes auf die andere Seite, wo ihre vermisste Reisebegleitung auf sie wartet.

Großstadtdschungel

Elfenbeinturm
Gebäude stehen oft für die Struktur, die wir unserem täglichen Leben zu geben versuchen.

Bei einem Traum im Freien muss es nicht unbedingt um eine ländliche Idylle gehen. Er kann auch in einer hell erleuchteten Stadt oder in einer dunklen Festungsanlage spielen.

Calvin Hall und Robert van de Castle entwickelten einen Kodex für Traumbilder, bei dem der Schauplatz zu einer der Hauptkategorien gehört. Nach unzähligen Traumdeutungen kamen sie zu dem Schluss, dass die Träume von Männern gern in einer vertrauten Umgebung im Freien stattfinden und die von Frauen eher in einem ihnen vertrauten Gebäude.

Trautes Heim ...

Im Traum stellen Häuser unsere innere Welt dar. Gayle Delaney meint, dass man bei Träumen vom Haus eines anderen über diesen Menschen möglichst viel wissen muss, um herausfinden zu können, warum dieser Schauplatz für die aktuelle Lebenssituation relevant ist. Wenn man vom Haus der eigenen Kindheit träumt, sollte man an die Zeit denken, die man dort verbracht hat, weil das aktuelle Problem wahrscheinlich seinen Ursprung dann und dort hat. Wenn man jedoch vom gegenwärtigen Heim träumt, kann der Traum vor einem häuslichen Problemen warnen.

Schlösser und Kirchen

Große Gebäude lassen auf ein großes Energiepotenzial schließen. Schlösser stehen für Sicherheit und Verteidigung. Wenn Sie also von einem Schloss träumen, kann es bedeuten, dass Sie entweder in ihrer aktuellen Situation sicher sind oder eine unnötige Verteidigungshaltung einnehmen. Kirchen symbolisieren Spiritualität.

Wenn Sie also von einer träumen, kann das eine Aufforderung sein, sich mehr um ihren geistigen Weg zu kümmern.

Lehr- und Heilungsstätten

Schulen, Universitäten und Büchereien sind Orte des Lernens. Wenn Sie also von so einem Ort träumen, kann es bedeuten, dass Sie bestimmte Informationen brauchen, dass Sie eine wichtige Lektion lernen müssen oder dass Sie Rat bei einem weiseren oder erfahreneren Menschen suchen sollten. Träume von Krankenhäusern können eine von zwei möglichen Bedeutungen haben. Entweder sollen Sie auf Ihre eigene Gesundheit oder auf die eines geliebten Menschen achten oder Sie werden aufgefordert, sich zu entspannen und etwas mehr auf Ihr Wohlergehen zu achten.

Zusatzinformation

Wenn Sie von einem bestimmten Haus träumen, sollten Sie darauf achten, ob es sich in gutem Zustand befindet oder ob es renoviert werden muss und wo die Reparatur nötig ist.

Stillstand

Tom will sich schon lange selbständig machen, aber es fehlte ihm immer der Mut.

DER HAUSBAUER

Tom träumt, dass er eine baufällige alte Mühle gekauft hat. Die Fensterscheiben sind zerbrochen und bei der Treppe fehlen mehrere Stufen. Es sieht so aus, als ob vor kurzem ein Landstreicher hier gehaust hat, denn die Asche im Kamin ist noch frisch und im ganzen Haus riecht es angenehm nach Holzfeuer. Tom nimmt die Renovierungsarbeiten selbst in die Hand. Er entrümpelt und reinigt das Erdgeschoss, repariert das Holz- und das Mauerwerk, baut eine neue Treppe, streicht alles frisch an und stellt seine Möbel hinein.

Tom ist überglücklich bei der Aussicht, die baufällige Mühle in ein gemütliches Heim zu verwandeln.

Traumanalyse

Ein noch im Bau befindliches Gebäude kann ein Symbol für alle Pläne und Ideen sein, an denen Sie zur Zeit arbeiten oder die Sie gerade entwerfen. Die Anzeichen des erst vor kurzem erloschenen Feuers waren für Tom ein deutliches Zeichen, dass es das Haus und ihn selbst geläutert und seinen eigenen Verwandlungsprozess eingeleitet hatte. Während er als Fotograf viele Jahre lang für eine große Firma arbeitete, hatte er seine Zukunftspläne, sich selbstständig zu machen, immer wieder verschoben, weil ihm der Mut fehlte, sie in die Tat umzusetzen. Er deutete den Zustand des baufälligen Hauses als Symbol seiner Befürchtungen und Zweifel. Seit kurzem ist er nun sein eigener Herr und voller neuer Energie und Begeisterung. Seine Visionen sind klarer und seine Arbeiten besser geworden. Der Kundenstrom scheint nicht abreißen zu wollen.

Tom merkt, dass die Renovierungs- und Dekorationsabeiten in seinem Traumhaus seine neu erweckte Energie und Antriebskraft symbolisierten.

Zimmer mit Aussicht

Heimat ist, wo das Herz ist
Da Häuser in vielerlei Hinsicht Spiegel unserer selbst sind, wundert es nicht, dass sie so oft in Träumen vorkommen.

Als Calvin Hall und Robert van de Castle ihren Traumkodex erstellten, bestätigten Männer und Frauen, dass ihre Träume am häufigsten im eigenen Heim und am zweithäufigsten am Arbeitsplatz stattfanden.

Dachgeschoss und Keller

Alle Traumforscher sind sich darin einig, dass ein Dachgeschoss das höchste Streben, die Lebensziele und das spirituelle Bewusstsein des Träumers darstellt, während der Keller die dunkelsten Ecken seines Unterbewusstseins symbolisiert, mit denen er sich nicht beschäftigen möchte. Dort hat er seine Ängste, Sorgen, Phobien und auch seine ungenutzten Talente vergraben. Die an diesen Orten auftauchenden Symbole und Gefühle sind entsprechend bedeutungsvoll. Wenn der Dachboden etwa zugestellt ist, sollten Sie Ihre Vorstellungen entrümpeln. Ist er leer, sollten Sie sich überlegen, ob Sie Ihr Leben ändern und neue Ideen und Ziele entwickeln sollten.

Treppenhäuser und Flure

Treppenhäuser und Flure verbinden Räume miteinander. Darum ist es immer wichtig, in Erfahrung zu bringen, wohin in Ihrem Traum die Treppe oder der Flur führt. Wenn Sie durch einen Flur gehen, kann es sein, dass Sie im Leben an einem Angelpunkt sind, an dem Veränderungen anstehen. Woher kommen Sie, wohin gehen Sie? Entsprechend verbinden Treppen untere Räume mit den oberen. Gehen Sie nach oben oder nach unten? Einzelheiten geben Ihnen weitere Hinweise.

Küchen und Esszimmer

Diese beiden Räume bilden das Herz des Familienlebens. Kochen Sie in der kreativen Küche Pläne und Projekte, die Sie im für Ernährung und Teilen zuständigen Esszimmer servieren? Herrscht dort häusliches Chaos oder gemütliche Zufriedenheit? Welche Gefühle entwickeln Sie im Traum?

Schlaf- und Badezimmer

Betten spielen in unserem Leben eine sehr bedeutsame Rolle. Wir ziehen uns dorthin zurück um uns auszuruhen, zu entspannen und neue Kräfte zu tanken, wir erleben dort unsere sexuellen Beziehungen und wir umhegen dort unsere Kinder. Der Spruch „Wie man sich bettet, so liegt man" ist auch in der Traumwelt gültig. In Schlafzimmerträumen bekommen Sie die Gelegenheit, die Kluft zwischen Bewusstsein und Unterbewusstsein zu überwinden.

Wenn Sie vom Badezimmer träumen, sollten Sie Ihre Angelegenheiten ordnen und sich von überholten Vorstellungen trennen (s. S. 114–115).

Vorbereitet sein

Anthony hat Angst, dass er für eine wichtige Präsentation am Arbeitsplatz nicht gut genug vorbereitet ist.

DAS WOHNZIMMER

Anthony träumt, dass er eine Party für seine Freunde und Arbeitskollegen gibt. Plötzlich merkt er, dass er als Clown verkleidet ist und das Zimmer sich verändert hat. Seine Freunde lachen ihn aus und zeigen mit dem Finger auf ihn. Als er sie anschaut, sieht er, dass sie zu Fremden geworden sind. Er geht hinaus, zieht sich um, wischt die Schminke ab und geht ins Zimmer zurück. Jetzt ist es wieder wie am Anfang: das vertraute Wohnzimmer voller Freunde, die sich so verhalten, als wäre nichts passiert.

Anthony sieht sich im Traum als Clown verkleidet. Er erkennt sein Heim und seine Freunde nicht mehr.

Traumanalyse

Das Wohnzimmer ist ein Raum der Begegnung mit anderen. Nach Jung steht es für die Persona – das Gesicht, das der Hausbesitzer nach außen zeigt. Anthony verband seinen Traum sofort mit seiner Arbeit. Er hatte sich in eine heikle Lage gebracht, um neue Kunden zu gewinnen, hatte aber das Zahlenmaterial für die letzte Präsentation nicht rechtzeitig vorbereitet und sich lächerlich gemacht. Er hatte sich geschworen, das ganze Projekt aufzugeben. Der Traum gab ihm Mut, an sein Vorhaben zu glauben und es weiterzuverfolgen. Er merkte, dass er sich viel zu sehr darum sorgte, was seine Kollegen von ihm halten würden, wenn er für eine weitere Präsentation nicht vorbereitet wäre, und dass ihm nur sein mangelndes Selbstvertrauen im Weg stand.

Anthony merkt, dass er sich zu sehr um die Reaktion der anderen sorgte, anstatt der eigenen Fähigkeit zu trauen.

Überlandreisen

Stilvoll reisen
Der Zustand des Reisefahrzeugs gibt Aufschluss über Ihre aktuelle Lebenssituation.

Wenn Sie in Ihren Träumen reisen, sagt das etwas über den Kurs aus, den Sie im täglichen Leben eingeschlagen haben. Der Traum kann zwar auch eine Reise meinen, die Sie tatsächlich vorhaben, aber meistens symbolisiert eine Traumreise Ihren spirituellen Weg.

Sie können durch eine sanfte Hügellandschaft reisen oder auf viele Hindernisse treffen, die auf bevorstehende oder hinderliche Probleme hinweisen. Und wie reisen Sie? Sie Sie Fahrer oder Beifahrer? Wenn Sie hinter dem Steuer sitzen, haben Sie alles unter Kontrolle.

Wenn Sie Passagier sind, kann es sein, dass Sie sich auf andere verlassen oder sich von ihnen beeinflussen lassen. Kommen Sie im Traum an oder fahren Sie gerade los? Ankommen vermittelt ein Gefühl von Erfolg und erreichten Zielen. Ist Ihnen der Ankunftsort vertraut? Wenn nicht, haben Sie Lust, ihn zu erforschen oder haben Sie Angst? Der Beginn einer Reise deutet auf einen Neuanfang hin. Sind Sie voller Erwartung oder zögern Sie?

Bahn und Bus

Die öffentlichen Verkehrsmittel wie Busse und Bahnen weisen auf das Sozialverhalten hin. Beide bleiben auf dem vorgeschriebenen Weg in Begleitung anderer. Sie sollten sich fragen, ob Sie mit Ihrem Leben zufrieden sind oder ob Sie einfach nur dem Strom folgen.

Vielleicht haben Sie Probleme mit Fahrplänen, verpassen den Zug oder einen Anschluss, kommen zu früh oder zu spät an, steigen zu früh aus oder fahren am Reiseziel vorbei. Das lässt darauf schließen, dass Sie im Wachzustand Probleme haben und die Dinge neu einschätzen sollten. Ann Faraday rät zu hinterfragen, was in Ihnen die sich bietende Gelegenheit nicht nutzen möchte und mit der Methode des leeren Stuhls zu ergründen, was im Bus oder in der Bahn los war und warum Sie sie unbewusst verpasst haben.

Autofahren

Das Auto verkörpert für gewöhnlich die Persönlichkeit des Träumers. Es weist darauf hin, wie Sie das Leben angehen und wie Sie von anderen wahrgenommen werden wollen. Was für ein Auto fahren Sie? Ist es protzig oder bescheiden, sauber oder rostig? Was ist mit dem Fahrer? Sind Sie es, haben Sie Ihr Leben im Griff? Wenn nicht, verlieren Sie die Kontrolle über die Ereignisse in Ihrem Leben.

Zusatzinformation

Wenn Sie statt mit Transportmitteln zu Fuß unterwegs sind, deutet das darauf hin, dass Sie in der Lage sind, Ihr Leben selbst in die Hand zu nehmen, und dass Sie alles im Griff haben.

Ruhe und Erholung
Colin hatte nach einer Krankheit keine Zeit zur Erholung gehabt, bevor er wieder anfing zu arbeiten.

UNTERWEGS NACH NORDEN

Colin ist im Lieferwagen unterwegs nach Norden. Es ist Sonntag. Am Steuer sitzt sein Vater als junger Mann. Normalerweise fahren sie immer nach Westen, aber Colin mag seinen Vater nicht fragen, warum sie dieses Mal nach Norden fahren. Plötzlich wird die Straße eng und ist durch zwei lange Holzleitern versperrt. Dahinter bauen zwei Arbeiter Mauern auf jeder Seite der Landstraße auf, die sich in der Ferne verliert. Colin weiß, dass dies die einzige Straße nach Norden ist und dass sie gar keine andere Straße zu suchen brauchen. Sein Vater will warten, bis die Arbeiter fertig sind, was erst Montag morgen der Fall sein wird. Geduldig warten sie, bis die Arbeit beendet ist.

Colin weiß, dass der Fahrer sein Vater ist, obwohl er aussieht, als wäre er erst Mitte dreißig.

Traumanalyse

Colin schreibt seinen Traum in allen Einzelheiten auf, denn er scheint eine Botschaft seines Selbst zu sein, das fünf Monate lang ans Krankenbett gefesselt war. Er deutet den Traum als Spiegel seines körperlichen Zustands und der „Reparaturarbeiten", die vorgenommen wurden. Er hatte schon den falschen Weg eingeschlagen, indem er zu früh angefangen hatte, wieder zu arbeiten. An diesem Sonntag ist er bezeichnenderweise Beifahrer. Der weisere Teil von ihm zeigt ihm, was er selbst hätte sehen sollen: Genesung braucht Zeit. Er muss Geduld haben, bis sie abgeschlossen ist.

Der Weg wird von zwei Leitern und Arbeitern versperrt und sie können erst am nächsten Tag weiterfahren.

Wasser, überall Wasser

Wie eine Ente im Wasser
Träume vom Wasser weisen auf die emotionale Verfassung im Wachzustand hin. Können Sie den Kopf über Wasser halten?

Gayle Delaney meint, dass Wasser im Traum nicht nur ein einziges Gesicht hat. Es kann vielerlei bedeuten, je nachdem wie es gesehen und empfunden wird und in welcher Form es auftaucht. In jedem Fall symbolisiert es Gefühl, ob es nun sauber oder sumpfig, tief oder flach, stürmisch oder ruhig ist. Es zeigt Ihre emotionale Verfassung zur Zeit des Traums. Was fehlt Ihnen in Ihrem Gefühlsleben oder auf dem geistigen Weg, wenn Sie von Dürre träumen? Sind Sie bei einer Überschwemmung in Gefahr von der Wucht Ihrer Gefühle mitgerissen zu werden? Sind Sie kalt und unbeteiligt wie das gefrorene Wasser im Traum?

Taufe

In vielen Träumen vom Wasser geht es um Reinigung oder Waschen. Bei der Taufe wäscht das Wasser die Sünden der Welt fort. Wenn Sie sich im Traum waschen oder baden, könnten Sie versuchen sich geistig zu reinigen, um eine neue Lebensphase zu beginnen? Oder wollen Sie sich einfach nur von negativen Gefühlen und Gedanken befreien oder etwas aus Ihrem Leben entfernen, dessen Sie sich schämen?

Ozeane, Seeen und Ströme

Das Meer symbolisiert das Leben oder die Natur des kosmischen Bewusstseins. Wichtig ist die Meerestiefe. Je nach Begleitumstand kann eine flache See auf eine gewisse Oberflächlichkeit hinweisen, während eine tiefe See bedeuten, dass Sie entweder tiefe Gefühle haben, die darauf warten angezapft zu werden, oder dass Sie Ihre Tiefe verloren haben. Wellen sind die Höhen und Tiefen in unserem Gefühlsleben und spiegeln unsere innere Aufruhr oder unseren Frieden. Wenn Sie also auf einem Brett auf den Wellen reiten, sind Sie wahrscheinlich Herr Ihrer kraftvollen Emotionen, während Sie als Wellenbeobachter am Strand Ihre Batterien neu aufladen.

Emotionale Reaktionen werden oft von Seen reflektiert. Dies kann ein Hinweis darauf sein, dass Sie sich Ihre Schattenseite ansehen sollten, um ein Problem zu lösen. Flüsse stehen für den Lebensverlauf. Träumen Sie also von einem Fluss, ist es wichtig, ob das Wasser klar oder trübe ist. Wenn Sie darin baden, schwimmen Sie den Fluss gegen die Strömung hinauf oder fühlen Sie sich wohl wie ein Fisch?

Zusatzinformation

Boote symbolisieren den Körper – besonders den Gefühlskörper. Es ist also wichtig, ob Sie am Ruder stehen und das Boot kontrollieren, sich treiben lassen oder im Sturm untergehen.

Am Ende angelangt
Chris ist überarbeitet, gereizt und beginnt an seiner Belastungsfähigkeit zu zweifeln.

ERTRINKEN

Chris ist Verleger, verheiratet und hat zwei Kinder im Vorschulalter. Er träumt, dass er in einem Becken unter Wasser seine Bahnen zieht, als er plötzlich andere Schwimmer bemerkt, die ihn überholen und dabei ihre Gesichter hinter Taucherbrillen verstecken. Im Vorbeischwimmen starren sie ihn an. Dann sind diese Schwimmer überall und behindern ihn so, dass er nicht mehr auftauchen kann um Luft zu holen. Seine Lungen platzen, er öffnet den Mund und das Wasser strömt ein. Er merkt, wie er auf den Boden des Beckens sinkt und ertrinkt, kann es aber nicht verhindern.

Erst schwimmt Chris glücklich unter Wasser, fühlt sich dann aber von gesichtslosen Schwimmern bedroht.

Traumanalyse

Bedrohliche Ertrinkungsträume sind bei Schwimmern und Nichtschwimmern gleichermaßen häufig, sodass sich eine sehr tief verankerte, kollektive Erinnerung auszuwirken scheint. Ältere Deutungen sprechen vom Verlust des Lebens oder des Besitzes, aber heute sehen wir in solchen Träumen eher das Ertrinken im übertragenen Sinn. Da Wasser im Traum oft für die Gefühlswelt oder etwas Weibliches steht, könnte Chris in einer Situation oder in einer Beziehung emotional ertrinken. Er arbeitet bis spät im Büro und nimmt jeden Abend Arbeit mit nach Hause. Er „ertrinkt" in Arbeit. Er hat Angst, dass er seinen Aufgaben nicht gewachsen ist und auf der Strecke bleibt. Dass er sich für unzulänglich hält, wird ihm deutlich, wenn ihn die anonymen Schwimmer überholen. Als er ertrinkt, kann er nicht mehr rational denken oder handeln und erkämpft seinen Weg an die Oberfläche nicht. Dennoch sagt ihm sein Traum, dass er durchaus die Fähigkeit dazu besitzt, denn zu Beginn fühlte er sich sehr wohl unter Wasser. Das änderte sich erst, als ihm auffiel, wie gut die anderen schwammen. In diesem Moment verlor er sein Selbstvertrauen und die Angst konnte über ihn siegen.

Der Mangel an Selbstvertrauen wird größer als sein rationales Denkvermögen und er versinkt.

Träume vom Fliegen

Frei wie ein Vogel
Träume vom Fliegen sind meistens angenehm und mit dem Gefühl von Freiheit und Freude verbunden.

Was sagen Traumexperten zu Träumen vom Fliegen? Freud assoziierte sie mit Sexualität, den Auswirkungen von sexuellen Wünschen, dem Orgasmus, dem Phallus, der Gebärmutter und dem Fötus darin. Bei Männern hielt er sie für Symbole des erigierten Penis und bei Frauen für einen Hinweis auf den unbewussten Wunsch danach. Man sollte fairerweise zugeben, dass die Lust, die man beim Traumfliegen empfindet, mit der sexuellen Extase durchaus vergleichbar ist. Moderne Traumdeuter sehen jedoch in Träumen vom Fliegen eher ein Synonym für die Freude, die man bei persönlichen Erfolgserlebnissen empfindet. Sie meinen, dass die überwältigenden Gefühle in solchen Träumen mit denen von Selbstvertrauen, Erfolgssicherheit und Selbstbeherrschung vergleichbar sind. Die meisten Traumforscher glauben, dass die Bedeutung eines Traums nicht wörtlich zu nehmen, sondern eher psychologischer Natur ist, und dass man auf die Einzelheiten im Traum achten sollte, um die tiefere Botschaft ergründen zu können. Gayle Delaney legt darauf großen Wert. Sie sollten sich fragen, warum Sie diesen Traum zu genau diesem Zeitpunkt hatten, welche Lebenssituation ihn ausgelöst hat und ob Sie die Lösung erahnen können.

Wie hoch können Sie fliegen?

Hat Ihre Flughöhe eine Bedeutung? Was ist, wenn Sie zu hoch hinaus wollen und sich wie Ikarus die Flügel verbrennen? Vielleicht sagt Ihnen Ihr Unterbewusstsein, dass Sie viel zu ehrgeizig sind oder dass Sie hoch oben in den Wolken schweben, weil Sie Ihre Ideale zu hoch gesteckt haben. Vielleicht sehen Sie aus Ihrer luftigen Höhe, was sich am Boden abspielt? Daraus könnte man schließen, dass Sie trotz hoher Ideale mit beiden Beinen auf der Erde stehen. Es kann Ähnliches bedeuten, wenn Sie von einem Drachen träumen, der zwar hoch fliegt, aber am Boden befestigt ist. Ihre Ziele mögen hoch gesteckt sein, aber Sie haben den Sinn für das Machbare nicht verloren.

Sie können auch an Höhe verlieren, wie ein Sack nach unten fallen und dabei Gefahr laufen, sich zu verletzen. Für Betty Bethards ist das ein Zeichen, dass Sie befürchten, Ihre selbst auferlegten Verbote zu brechen, um in höheren Dimensionen nach Erleuchtung zu suchen.

Zusatzinformation

Betty Bethards meint, dass wir alle Fragen, die wir in einem Traum vom Fliegen stellen, auch beantwortet bekommen.

Höhe
Wie hoch fliegen Sie? Es ist wichtig, nicht zu hoch hinaus zu wollen. Sonst könnten Sie sich Ihre Flügel wie Ikarus verbrennen.

ANGSTFREIER FLUG

Sie fliegen mit ausgestreckten Armen durch einen klaren, azurblauen Himmel. Sie werden von thermischen Luftströmen getragen und genießen den Blick auf die Erde unter Ihnen. Sie sehen alles sehr genau in lebhaften Farben, als ob Sie eine Miniaturausgabe der Welt beobachteten. Sie fühlen sich beflügelt und voller Kraft, legen die Arme an, senken den Kopf und setzen zum Sturzflug an. Sie spüren, wie der Wind an Ihren Wangen und Ohren vorbeirauscht und Ihre Haare an den Kopf drückt. In letzter Sekunde heben Sie den Kopf, gleiten über die Baumwipfel dahin und genießen Ihre Fähigkeiten und das Gefühl von Freiheit.

Träume vom Fliegen können einfach nur zeigen, dass Sie sich von selbst auferlegten Begrenzungen befreit haben.

Traumanalyse

Wir träumen gerne vom Fliegen. Es vermittelt uns Grenzenlosigkeit und herrliche Euphorie. Wir können alles, haben alles unter Kontrolle und sind völlig frei. Allein durch unseren Willen können wir das Kontinuum von Raum und Zeit sprengen. Kinder träumen häufiger vom Fliegen als ältere Menschen. Vielleicht wollen sie sich einfach höher emporschwingen als es ihnen möglich ist, während die Älteren eher ihrem begrenzten Bewegungsraum entkommen wollen.

Anthony Shafton, ein Traumanalytiker und Verfasser des Buches *Dream Reader: Contemporary Approaches to the Understanding of Dreams* ist mit Betty Bethards einer Meinung, dass Sie in diesen Träumen den Körper bewusst verlassen, um andere Dimensionen aufzusuchen. Shafton schreibt Träumen vom Fliegen auch noch andere Botschaften zu: den Wunsch sich aus aktuellen Schwierigkeiten zu erheben, die Warnung vor Krankheiten und paranormale Phänomene, z. B. außerkörperlichen Erfahrungen und Astralprojektionen. Er hält insgesamt 24 Deutungen von Flugträumen für möglich.

Wenn wir im Traum fliegen, haben wir einen einmaligen Blick auf uns selbst und unser Leben.

Träume vom Fallen

Springen ohne Fallschirm
Manchmal fordert ein Traum Sie auf, sich in Sicherheit zu bringen, bevor Sie z. B. mit dem Flugzeug abstürzen.

Träume vom Fallen und vom Fliegen haben viel gemeinsam: Erst erlebt der Träumer die Euphorie des Fliegens und dann den Schock des Fallens. Interessanterweise erleben mehr Frauen als Männer dieses Fallen im Traum. Freud verbindet es mit Sexualität und der Lust auf sexuelle Befriedigung – mit der „gefallenen" Frau. Sie ist für ihn ein Synonym für die Botschaft des Traums. Er räumt aber ein, dass das Fallen auch etwas mit dem Kindheitstrauma aus dem Bett zu fallen oder mit anderen Ängsten zu tun haben kann.

Heutige Traumforscher fassen Freuds sexuelle Interpretation etwas weiter als Angst vor einer bestimmten sexuellen Beziehung oder vor weitergehenden sexuellen Ansprüchen auf, halten aber andere Bedeutungen wie „aus der Gnade fallen" oder „Hochmut kommt vor dem Fall" für wahrscheinlicher. Lori Reid glaubt, dass Träume vom Fallen auch durch Ekel vor sich selbst verursacht werden können, wenn sie mit einem moralischen Dilemma – unanständige Handlungen, Betrug, Gesichtsverlust usw. – in Verbindung gebracht werden. Mit Gayle Delaney ist sie der Meinung, dass man sich anschauen sollte, was genau den Fall auslöst. Kann es sein, dass es weniger Verlustängste sind als vielmehr die Angst vor dem Versagen oder auch mangelndes Selbstvertrauen?

Frühwarnungen

Es hält sich der Aberglaube, dass man stirbt, wenn man nicht nur vom Fallen träumt, sondern auch vom Aufschlag auf dem Boden. Das stimmt zwar nicht, aber Reid vermutet, dass der Träumer in jedem Fall vor drohender Gefahr gewarnt wird, weil er vielleicht unbewusst einen Aspekt wahrgenommen hat, der ihm eventuell gefährlich werden kann. Im Traum vom Fallen wird dieser ihm dann auf schockierende Weise bewusst gemacht, damit er in Zukunft mehr darauf achtet.

Betty Bethards und Robert van de Castle sind sich darin einig, dass der Träumer, der vom Fallen träumt, eine bestimmte Situation nicht mehr unter Kontrolle hat oder sich einfach nur vor einem Problem drücken will. Der Traum zeigt, dass er sich zentrieren und erden muss. Wenn er jedoch den Fall genießt und ihn elegant und leicht meistert, ist er wahrscheinlich dabei, genau das zu tun, und erlebt sich ganz als Meister seiner selbst.

Zusatzinformation

Traumanalytiker stellten bei ihrer Forschungsarbeit über Traumthemen fest, dass mehr als 80 % aller Träumer schon mindestens einmal vom Fallen geträumt haben.

Aus der Gnade fallen
Peter hatte das Gefühl, dass ihn die Arbeit überforderte und dass er seine Projekte nicht zu Ende bringen konnte.

STURZ VON DER KLIPPE

Peter träumt, dass er am Rand einer steilen Klippe steht und auf das Meer hinunterschaut. Er fühlt sich unbehaglich und uneins mit der Natur. Um das Gras und die Erde unter den Füßen zu spüren, zieht er Schuhe und Socken aus. Da ergreift ihn ein unkontrollierbarer Drang, von der Klippe zu springen und zu fliegen. Er breitet die Arme aus und drückt sich mit den Füßen ab. Aber statt gleitend zu fliegen, stürzt er kopfüber hinunter. Er wacht auf und hängt halb aus dem Bett heraus.

Aus unseren Träumen kennen viele von uns die Sehnsucht zu fliegen und die Erfahrung, dass wir stattdessen fallen.

Traumanalyse

Beim Einschlafen gibt es ein weit verbreitetes Phänomen, das dem Traum vom Fallen sehr ähnlich ist: Sie haben sich in Ihr warmes Bett gekuschelt und sind dabei einzuschlafen. Plötzlich haben Sie den Eindruck zu fallen. Sie wollen diesen Fall aufhalten und werden mit einem so genannten myoklonischen Ruck wieder wach. Dieser Krampf tritt ein, weil Ihre Muskeln sich beim Einschlafen entspannen bis sie in eine Art Lähmung verfallen. Aber genau in dem Moment, in dem die Muskelanspannung nachlässt, sendet Ihr Gehirn ein Signal, das Ihre Muskeln wieder belebt. Sie werden wach, merken was passiert ist und fallen jetzt in einen tieferen Schlaf als zuvor. Traumanalytiker halten es demzufolge für möglich, dass auch ein Abfall des Blutdrucks oder der Körpertemperatur Träume vom Fallen auslösen können, denn in beiden Fällen kann das Unterbewusstsein das Gefühl des Absinkens in ein Erlebnis vom Fallen übersetzen.

Zuerst glaubte Peter, sein Unterbewusstsein warne ihn davor, dass er kurz davor war aus dem Bett zu fallen. Als der Traum sich jedoch in seinem Gedächtnis festsetzte, änderte er seine Meinung. Er erkannte, dass er sich am Arbeitsplatz nicht mehr sicher fühlte, weil er angefangen hatte, seine Urteilsfähigkeit in Frage zu stellen.

Es löst Angst aus, wenn man im Traum kopfüber fällt. Wie Peter wachen die meisten von uns dann voller Panik auf.

Klettern

Leitern
Wo befinden Sie sich auf der Lebensleiter? Klettern Sie nach oben oder rutschen Sie nach unten?

Träume vom Klettern haben besonders ehrgeizige Menschen sehr häufig. Sie scheinen in direktem Zusammenhang mit der Selbstachtung bezüglich materieller Werte, Karriere, Erfolg oder Status zu stehen. Sie können auch auf Erfolge in der geistigen Entwicklung hinweisen, vor allem wenn es um das Erklimmen eines Berges geht (s. S. 124–125).

Erklettere jeden Berg

Die meisten Traumanalytiker glauben, dass das Leben des Träumers häufig durch einen Berg symbolisiert wird, auf dessen Gipfel er Weisheit und Wissen erlangt. Diesen Gipfel zu erblicken, bedeutet eher höchste spirituelle Erleuchtung als Erfolg in weltlichen Dingen.

Aber wie war die Kletterpartie in Ihrem Traum? Ging sie über steile Felsen, war sie gefährlich? War sie anstrengend oder hatten Sie das Gefühl, dass sie leicht nach oben gelangten, als hätten Sie Flügel? Die Mühe oder auch Mühelosigkeit, mit der Sie den Berg erklettern, lässt darauf schließen, wie Sie im Leben Selbsterkenntnis erlangen. Wenn Sie im Traum auf dem Gipfel sitzen und die Welt unter sich betrachten, haben Sie sicher erreicht, was Sie im Leben erreichen wollten. Aber was ist, wenn Sie im Traum den Berg hinuntergehen? Man könnte meinen, dass Sie in irgendeinem Bereich Ihres Lebens die falsche Richtung eingeschlagen haben.

Treppen und Leitern

Sowohl Treppen wie auch Leitern haben in etwa die gleiche Traumbedeutung wie ein Berg, wenn auch auf etwas systematischere Weise: Sie gehen sozusagen Stufe für Stufe die Lebens- oder Karriereleiter hinauf. Achten Sie auf fehlende Sprossen, die auf Hindernisse hinweisen, oder auf die Beschaffenheit der Stufen. Sie können wackelig oder fest sein. Je geschwungener und breiter die Treppe ist, desto grandioser sind Ihre Ziele, ist sie jedoch schäbig oder sehr steil, wird sich auch Ihr Aufstieg problematischer gestalten. Gehen Sie die Treppe hinauf, sind Sie auf dem richtigen Weg, gehen Sie sie hinunter, rutschen Sie auch von der Leiter der Gelegenheiten ab. Rennen Sie die Treppe hinauf und herunter, sind Sie verwirrt oder unentschlossen. Lori Reid merkt an: Wenn Sie die Treppe in den Keller hinuntergehen, versagen Sie nicht, sondern sind bereit, sich Ihren tiefsten Ängsten zu stellen.

Zusatzinformation

Freuds Traumdeutung vom Bergsteigen war gänzlich anders: Er sah eine Parallele zwischen dem Besteigen eines Berges und dem Erreichen des sexuellen Höhepunkts.

Höhenangst

Isabelle hat Todesangst vor Höhen und ist in einem Aufzug gefangen, der nicht richtig zu funktionieren scheint.

DER GLÄSERNE AUFZUG

Isabelle träumt, dass sie in der dritten Etage in einem gläsernen Aufzug steht. Sie drückt den Knopf für die oberste Etage. Die Türen schließen sich, aber es tut sich nichts. Sie drückt erneut. Der Aufzug setzt sich in Bewegung, hält aber in der vierten Etage an, ohne dass sich die Türen öffnen. Isabelle hat Angst im Keller zu landen. Da sieht sie einen Vogel neben dem Aufzug schweben. Sie öffnet die Augen, merkt, dass sie einen atemberaubend schönen Blick hat, und fühlt sich sehr ruhig. Wieder drückt sie den Knopf und der Lift schwebt sanft nach oben.

Im Traum wagt Isabelle nicht die Augen zu öffnen, weil sie Angst vor einer Panikattacke hat.

Traumanalyse

Da Aufzüge in Gebäuden sehr hoch steigen oder tief sinken, haben sie in Träumen eine ähnliche Funktion wie Treppen, jedoch mit einem Unterschied: Für den Auf- oder Abstieg muss man sich nicht anstrengen. Für Isabelle lösen die Bewegungen des Aufzugs fast einen Albtraum aus, bis sie erkennt, dass ihre Angst unvernünftig ist. Ihre panische Angst in den Keller zu sinken hat etwas damit zu tun, dass sie zunächst unfähig ist, die Augen zu öffnen. Sie will nicht in den Keller, wo sie mit ihrer Unzulänglichkeit konfrontiert werden würde. Der Vogel, der ihr Bewusstsein erreicht, symbolisiert die Freiheit der Wahl, entweder weiter mit dem Mangel zu leben oder sich angstfrei fortzubewegen. Als sie den Knopf erneut drückt, merkt sie, dass ihr Fortschritt sanft und ohne Anstrengung erfolgt.

Der Anblick des Vogels außerhalb des Aufzugs lässt Isabelle ihre Fassung wiedererlangen.

Tiere

Lebendige Schlangen
Jung glaubte, dass wir alle mit Angst vor Schlangen geboren wurden und dass diese ein kollektiver Instinkt ist.

Rosemary Ellen Guiley, Autorin von *Dreamwork for the Soul (Traumarbeit der Seele)*, glaubt, dass Tierträume mehr als andere Aufschluss über unseren psychologischen, emotionalen und physischen Zustand geben, weil sie auf den primitiven Teil unseres Geistes abzielen. Wenn Sie die Hauptmerkmale eines Traumtiers und Ihre Reaktionen darauf verstehen, werden Sie die Traumbotschaft leicht deuten können, die oft einen vernachlässigten oder besonders emotionalen Aspekt Ihrer selbst oder Ihrer Beziehungen zu anderen betrifft.

Schlangen

Außer Freud, für den die Schlange ein Phallussymbol war, haben die meisten Traumdeuter den Eindruck, dass die Schlange im Traum das Erwachen spiritueller Energie und geistiges Wachstum anzeigt. Jung hielt sie für den Archetyp für Transformation, Veränderung oder sogar Gott, der jedoch auch negative Eigenschaften haben kann.

Wenn man im Traum von einer Schlange gebissen wird, rät Betty Bethards, sich die Stelle zu merken, denn dort wird Energie blockiert. Wird man z. B. in den Hals gebissen, tut man sich schwer, mit anderen zu kommunizieren oder sich generell selbst auszudrücken.

Hunde

Normalerweise verbinden wir Hunde vor allem mit Loyalität und Freundschaft. Wenn also in Ihrem Traum ein Hund auftaucht, sollten Sie sich vielleicht um eine Beziehung kümmern und herausfinden, was daran gut oder schlecht ist. Da Hunde auch die männliche Seite in uns allen repräsentieren, sollten Sie bei einem aggressiven Traumhund Ihre Enttäuschungen in positivere Bahnen lenken.

Katzen

Einst sah man in Traumkatzen die Vorboten von Unglück. Heute glauben die Analytiker jedoch, dass sie für die weibliche Seite der Natur stehen. Da die Katze ein sehr unabhängiges Wesen ist, kann sie auch Ihre Sehnsucht symbolisieren, frei zu sein und ihre Weiblichkeit zu erforschen, besonders wenn die Traumkatze eine Wildkatze ist. Handelt es sich um eine Hauskatze, machen Sie sich vielleicht Sorgen um die Gesellschaft, bzw. um Ihr Ansehen.

Pferde

Das Pferd ist ein sehr vielschichtiges Symbol. Von einem Hengst zu träumen, kann Macht und sexuelle Potenz bedeuten. Ein Lasttier kann Nutzbarmachung symbolisieren, während der Galopp auf einem Pferderücken eher Freiheit und Naturverbundenheit anzeigt.

Katzenhafter Spott
Amys beste Schulfreundin scheint sich zurückzuziehen und macht gehässige Bemerkungen über sie.

DIE KATZE

Amy wuchs in ihrer Familie mit einem Hund und zwei weiblichen Katzen auf. Sie träumt, dass sie aus der Schule nach Hause kommt und Marmelade, ihre rote anhängliche Lieblingskatze, sich auf ihren Schoß setzt. Plötzlich faucht sie sie an. Amy ist entsetzt, hatte sie doch gerade diese Katze als ihre eigene empfunden. Erst denkt sie, dass sie sie vielleicht ungeschickt angefasst hat und versucht, sie wieder zu beruhigen. Als sie Marmelade auf den Arm nehmen und streicheln will, versetzt diese ihr einen Hieb mit der Tatze und zerkratzt ihr die Hand.

Marmelade, Amys Lieblingskatze, begrüßt sie immer, wenn sie von der Schule nach Hause kommt.

Traumanalyse

Kinder träumen häufiger und regelmäßiger von Tieren als Erwachsene. Die Schweizer Traumforscherin Inge Strauch hat sich intensiv damit beschäftigt und herausgefunden, dass Jungen eher von wilden und Mädchen eher von Haustieren träumen. Für beide jedoch spielt das Tier in ihren Träumen die Hauptrolle. Bei Erwachsenen steht das Tier oft für eine Bedrohung, für die der Träumer sich revanchieren will. Das überrascht nicht, wenn man bedenkt, dass wir Tieren ständig menschliche Züge unterstellen und umgekehrt. Wir wissen genau was gemeint ist, wenn es heißt: „Er ist ein Schwein", „Sie ist eine Katze" oder „Was für eine Ratte!". Damit assoziieren wir die negativen Seiten eines so beschriebenen Menschen, die wir für typische Eigenschaften des entsprechenden Tiers halten (dabei ist interessant, dass für Amerikaner die Ratte z. B. ein Symbol für den Betrüger und Feigling ist, während die Chinesen sie als schlaues, einfallsreiches Tier respektieren). Wenn Ihre Assoziation zwischen dem Tier, von dem Sie träumen, und einer bestimmten Charaktereigenschaft sehr stark ist, werden Sie leicht herausfinden können, was oder welche Beziehung in Ihrem Leben schiefläuft.

Als Amy gefragt wurde, woran oder an wen in ihrem Leben die Katze im Traum sie erinnert, erzählte sie von einem Mädchen, das sie bis vor kurzem für ihre Freundin gehalten hatte, die aber nun hinter ihrem Rücken hässliche Dinge über sie erzählte. Die Parallele zwischen der Freundin und der Katze ist deutlich zu sehen.

Marmelade scheint genau wie ihre Freundin bei Amy etwas zu finden, das sie nicht mag.

Beflügelt

Schwan oder hässliches Entlein?
Es ist wichtig zu wissen, von welcher Art Vogel man träumt und was dieser Vogel für Sie bedeutet.

Vögel treten im Traum in vielen Verkleidungen auf. Wegen der symbolischen Bedeutung ist es wichtig zu wissen, von welcher Art Vogel Sie träumen. Ebenso wichtig ist, ob Sie einen einzigen Vogel oder einen Schwarm sehen, ob die Vögel frei fliegen oder ob sie im Käfig sind, ob Sie sich vor Ihnen sicher oder von Ihnen bedroht fühlen. Wenn Sie erkennen können, was das Verhalten des Vogels für Sie bedeutet, wird es Ihnen auch viel über Sie selbst und Ihre gegenwärtige Lebenssituation sagen.

Gleich und gleich ...

Der König der Vögel – der majestätische Adler – ist das Symbol größter Kraft, da er von der Fähigkeit zeugt, Verantwortung für das eigene Handeln zu übernehmen und für sich zu sorgen. Wenn Sie von ihm in einem negativen Licht träumen, kann es bedeuten, dass Sie nach „Beute" Ausschau halten und im Leben ein Tyrann sind.

Die Ente hingegen zeugt von einer angeborenen Fähigkeit, auch emotional mit den Problemen des Lebens fertigzuwerden. Das Element der Ente ist das Wasser (s. S. 140–143). Doch da sie genausogut fliegen und gehen kann wie schwimmen und tauchen, ist sie sehr flexibel. Wie die Ente gleitet auch der Schwan über das Wasser der Emotionen. Doch auch er kann sich hoch in die Lüfte schwingen. Wenn Sie von einem Schwan träumen, fragen Sie sich, was er Ihnen sagen will. Symbolisiert er für Sie Schönheit, Reinheit und Ausgeglichenheit, dann sind das Ihre Qualitäten. Ein schwarzer Schwan zeugt von der Mystik des Unbekannten.

Die Taube ist das Friedenszeichen schlechthin. Wenn sie in Ihrem Traum auftaucht, bringt sie Ihnen also viel Ruhe, Frieden, Harmonie und spirituelles Erwachen.

Bienen und Schmetterlinge

Denken Sie bei Bienen an das fleißige Völkchen, an die Lieferanten von Honig oder an schmerzende Stiche? Womit auch immer Sie im Wachzustand Bienen assoziieren, das ist auch ihre Bedeutung im Traum. Das gleiche trifft auf Schmetterlinge zu. Wenn Sie sie für flatterhaft und oberflächlich halten, haben sie auch im Traum diese symbolische Bedeutung. Doch sie können auch Verwandlung verkörpern oder schöne, lebendige Beweise für die Wiedergeburt in ein neues, helleres und erleuchtetes Leben sein.

Zusatzinformation

Vögel werden mit geistiger Freiheit und der Fähigkeit in Verbindung gebracht, sich in neue Bewusstseinshöhen zu erheben, ohne von materiellen Dingen zurückgehalten zu werden.

Verantwortung
Stephen will sich nicht der Verantwortung stellen, die er für seine eigene Firma und Belegschaft übernehmen muss.

DER VOGEL STRAUSS

Stephen träumt, dass er in einer Prärie sitzt, in der es nur ein paar vom Wind zerzauste Büsche gibt. Plötzlich bewegt sich einer dieser Büsche, steht auf und fängt an, im Sand zu scharren. Als er seinen Kopf im Sand versteckt, merkt er, dass es ein Strauß ist, der die Flügel über Rücken und Kopf zusammengefaltet hat. Dieser bleibt auch dann noch bewegungslos, als aus dem Nichts eine Eule und ein Geier auftauchen und sich nebeneinander auf seinem Rücken niederlassen.

Wie der Vogel Strauß steckte Stephen den Kopf in den Sand und war unfähig, nötige Veränderungen einzuführen.

Traumanalyse

Rosemary Ellen Guiley betont die Wichtigkeit der Zahl drei. In Träumen steht sie für das höhere Selbst oder die Intuition, die verzweifelt versuchen, ins Tagesbewusstsein vorzudringen. Sie rät, darauf zu achten, wenn im Traum Ereignisse oder Symbole dreifach erscheinen.

Stephen erwachte aus diesem Traum mit großer Klarheit. Er hatte sich mit einer neuen Firma abgemüht, der es sehr schlecht ging. Er war nicht in der Lage, die Anforderungen seiner Lieferanten und Großhändler zu erfüllen und konnte keine Gehälter zahlen.

Der Vogel Strauß zeigte ihm, dass er den Kopf in den Sand gesteckt und so getan hatte, als würde schon alles gut gehen. Er wusste, dass er die Verantwortung für die Misere trug, konnte aber nicht zugeben, dass die Firma ihm über den Kopf wuchs. Das Auftauchen der Eule und des Geiers waren sehr bedeutungsvoll. Der Geier zeigte ihm, dass er seine überholten Vorstellungen über Bord werfen musste, um – durch die Eule verkörpert – klarere und bessere Pläne für die Zukunft zu machen. Er fühlte sich neu belebt und wusste plötzlich, mit welchen Veränderungen er seine Firma leistungsfähiger und profitabler gestalten konnte.

Für Stephen verkörperten die drei Vögel drei seiner eigenen Merkmale.

Mystische Wesen

Den Mond anheulen
Die Wölfin verkörpert als Betreuerin von verwaisten Jungen eine positive und als bösartige Bestie eine negative Seite.

In Träumen von Monstern und mythischen Wesen haben Jungs archetypische Figuren ihren Einsatz. Es scheint, dass wir alle von diesen Wesen träumen und dass sie nur je nach Kulturkreis oder historischem Kontext etwas variieren. Diese Bilder können in der Traumwelt von großer Bedeutung sein. Figuren wie Teufel und Engel oder Wolf und Lamm symbolisieren Aspekte unserer Persönlichkeit, deren Bedürfnisse wir kennen müssen, wenn wir den ganzen Menschen betrachten wollen. Die Träume helfen uns dabei.

Werwölfe

Werwölfe sind Symbole für Angst, Wut und Gewalt. Sie stellen die Schattenarchetypen Jungs dar und damit unsoziales Verhalten, das aus unseren tiefsten, meist aggressiven, animalischen Instinkten resultiert, denen wir entweder nicht die Stirn bieten oder die wir nur schwer annehmen können. Auch wenn sie im Traum nur schattenhaft zu sehen sind, wirken sie doch wie böse Omen.

Vampire

Vampire gehören wie die Werwölfe zu den Kräften der Dunkelheit, allerdings mit der zusätzlichen Eigenschaft von Parasiten. Wenn Sie von Vampiren träumen, sollten Sie in sich gehen und herausfinden, welcher Teil von Ihnen auf „Kosten anderer" lebt. Vielleicht verlassen Sie sich zu sehr auf andere und deren Talente. Es kann allerdings auch bedeuten, dass jemand Ihnen Energie abzieht. Finden Sie heraus, ob Sie Täter oder Opfer sind und in welchem Bereich Ihres Lebens Sie Veränderungen vornehmen sollten.

Engel und göttliche Tiere

In der jüdisch-christlichen Tradition sind Engel die Boten Gottes. Die Deutung ist demzufolge nicht schwer. Sie sind Boten unseres höheren Selbst und haben eine wichtige Botschaft. Die genau entgegengesetzte Bedeutung haben Dämonen und Teufel, die sich an die dunkle Seite in uns wenden und die versuchen, uns in Schuldzuweisungen zu drängen und die Verantwortung für unser Handeln zu leugnen.

Manche träumen auch von göttlichen Tieren voller Weisheit. Auch sie sind lebenswichtige Bestandteile unserer Psyche, denn sie verkörpern die Weisheit der Unschuld, das uns innewohnende kosmische Wissen, das wir meist in der Hektik des Alltags unterdrücken und in uns vergraben haben.

Zusatzinformation

Der Drache ist das universale Symbol für Weisheit und Kraft, dessen Feuer Illusionen und alle Negativität zerstreut. Einen Drachen zu erschlagen heißt, seine Ängste zu besiegen und neues Selbstbewusstsein zu gewinnen.

Kompromissbereit
Cathy wird von Selbstzweifeln geplagt und gibt bei Meinungsverschiedenheiten immer als Erste nach.

DÄMONEN IN MEINEM KOPF

Cathy träumt, dass sie von roten Dämonen umringt ist, die sie fürchterlich beschimpfen. Sie hält sich schützend die Hände über den Kopf und will, dass diese scheußlichen Kreaturen verschwinden. Schließlich schaut sie gegen alle Vernunft hoch und schreit sie an. „Was wollt ihr von mir? Warum quält ihr mich? Warum wollt ihr mir wehtun?" Die Kreaturen verändern sich und scheinen goldenes Licht auszustrahlen. Gemeinsam antworten sie: „Wie kommst du darauf? Wir wollen dir nur helfen. Du hast nichts zu befürchten." Cathy schaut ihnen in die Augen und sieht nur Liebe und Verständnis. Sie streckt ihnen die Hände entgegen, doch als sie die Wesen berührt, lösen sie sich auf.

Cathy träumt, von Dämonen umringt zu sein, die sie unerträglich quälen.

Traumanalyse

Frederick van Eeden, selbst ein begnadeter „Klarträumer", prägte in einem 1913 in *Proceedings of the Society for Psychical Research* veröffentlichten Artikel „A Study of Dreams" den Begriff „luzide Träume". Er berichtete von einem Traum, in dem er von Dämonen umringt war, die je nach Laune ihre Erscheinung veränderten und ihn belästigten. Nach einer heftigen Auseinandersetzung mit ihnen konnte er schließlich jeden einzelnen erkennen. Danach wachte er erfrischt und heiter auf. In seinem Artikel erklärte er, weil er sich ihnen gestellt und gegen sie angegangen war, hatte er die Wut entwickelt, die sie vertrieb.

Cathy lernte aus ihrem Traum, dass sie auch schwierigsten und unangenehmsten Situationen gewachsen war – durch Gelassenheit. Sie konnte danach Krisensituationen im Privatleben und am Arbeitsplatz besser meistern. Sie lernte, ihren Standpunkt zu vertreten und dort für sich einzustehen, wo sie früher nachgegeben hätte, um Konfrontationen zu vermeiden.

Als Cathy den Mut aufbrachte, sich ihren Dämonen zu stellen, wurden sie zu Schutzengeln.

Essen und Trinken

Fruchtbar
Träume übermitteln innere Antworten auf äußere Reize. Träume vom Essen und Trinken werden mit dem inneren Selbst verbunden.

Die meisten Traumanalytiker sind der Meinung, dass Essen und Trinken Symbole für spirituelle, geistige oder emotionale Nahrung darstellen. Wenn wir für andere kochen oder wenn für uns gekocht wird, steht meistens die liebevolle Absicht dahinter, andere zu nähren oder genährt zu werden. Aber auch in der Traumsprache kennt man das „Zusammenbrauen" von Gefahren oder Schwierigkeiten, das „Schmoren" über Problemen oder den „Hunger" nach einem bestimmten Ziel, nach Macht, nach Wissen oder nach Liebe.

Die Umstände einer Traummahlzeit sind ebenso von Bedeutung wie die Qualität des Essens. Für sich selbst zu kochen zeugt von Einsamkeit und der Suche nach emotionaler Erfüllung, während für andere zu kochen – besonders wenn es ein üppiges Mahl ist – ein Ausdruck von Liebe ist. Sollte das Mahl dürftig sein, zeigt dies Ihnen, dass Sie Ihre Zuneigung nur sparsam verschenken. Wenn es Ihnen schwerfällt zu kochen, könnten Sie sich vielleicht zu viel oder zu wenig Mühe geben?

Und was genau wird im Traum gegessen? Was bedeutet es? Obst wird oft als Ausdruck sexueller Energie oder als ein Versprechen gedeutet, kann aber auch – wie Eier – für Fruchtbarkeit stehen. Gierig in einen saftigen Pfirsich zu beißen kann von der Lust oder der Sehnsucht nach Sinnlichkeit zeugen oder auch die eigenen „Früchte" symbolisieren. Pudding ist für Analytiker ein bequemes Essen und kann Ihre Sehnsucht oder Ihr Bedürfnis nach Unterstützung oder Bestätigung durch andere zeigen.

Wasser und Brot

Von Brot und Wasser wird sehr häufig geträumt. Lori Reid glaubt, dass mit Brot im Traum finanzielle Belange gemeint sind, während es für die Traumanalytikerin und Astrologin Julia Parker eher mit der Entwicklung des Charakters zu tun hat. Darum ist jede Einzelheit des Traums besonders genau zu untersuchen, um den spirituellen Fortschritt einschätzen zu können. Betty Bethards hingegen assoziiert es mit dem Brot der Kommunion, das zeigt, wo der Träumer sich selbst in Gottes Universum sieht. Sie glaubt, dass ein Traum vom Brot das Bedürfnis nach spirituellem Wachstum anzeigt. Im christlichen Sinn wird Brot mit Wasser (Reinheit) oder Wein (das Blut Christi) in Zusammenhang gebracht, wodurch die spirituelle Botschaft verstärkt wird.

Zusatzinformation

Schmeckt Ihre Traummahlzeit bitter oder unangenehm, kann das ein Anzeichen für Ekel vor sich selbst sein oder ein Problem oder eine unerfreuliche Beziehung beleuchten.

Treue Freunde
Alice hat mit der Hilfe ihrer engsten Freunde ihre traumatische Scheidung durchgestanden.

DAS FESTESSEN

Alice träumt, dass sie für ihre engsten Freunde gekocht hat. Sie hat sich große Mühe gegeben, jedem sein Lieblingsessen zuzubereiten und vergleicht sich selbst mit der Hauptfigur in dem Film *Babettes Fest*. Sie liebt diesen Film, weil es auch ihr Freude macht, alles mit größter Sorgfalt richtig zu machen: das Essen, der Wein, das Silberbesteck und die Kristallgläser. Ihre Freunde treffen ein, und sie verbringen alle zusammen einen herrlichen Abend, an dem viel gelacht wird.

Alice träumt davon, ihren engsten und besten Freunden das beste Essen zu kochen, das sie je hatten.

Traumanalyse

In Träumen geht es oft um das Essen und Trinken. Dafür kann es die ganz einfache Erklärung geben, dass Sie vielleicht hungrig oder durstig ins Bett gegangen sind und Ihr Unterbewusstsein versucht, diesen Mangel zu beseitigen. Aber da Essen und Trinken tagsüber eine wichtige Rolle spielen, wundert es nicht, dass sie das auch im Traum tun. Dort geht es jedoch um mehr als nur um Nahrung. Sie sollten bei der Deutung auch die Art, wie die Mahlzeit zubereitet und serviert wird sowie die Begleitumstände beim Essen berücksichtigen. Darüber hinaus ist es wichtig, was Sie essen: Ist es bitter oder süß, würzig oder geschmacklos? All diese Faktoren können Aufschluss darüber geben, ob das Essen – oder das, wofür es steht – für Körper, Geist und Seele nahrhaft ist oder nicht.

Eine der ersten Fragen, die Lori Reid dem Träumer stellt, ist: „Wie haben Sie sich beim Aufwachen gefühlt?" Alice wusste, dass sie sich besonders gut gefühlt hatte. Nie zuvor hatte sie sich so geliebt und geschätzt gefühlt. Sie gestand, dass sie nach ihrer Scheidung eine besonders traumatische und einsame Zeit durchgemacht hatte, in der ihre Freund sie jedoch sehr unterstützt hatten. Mit deren Hilfe und ihrer eigenen Entschlossenheit hatte sie schließlich einen neuen Sinn im Leben gefunden.

Das Esssen ist ein großer Erfolg, weil die Freunde ein tiefes Gefühl von Kameradschaft verbindet.

Menschen im Traum

Spiegelbilder
Wie in Alice hinter den Spiegeln können die Bilder in einem Traum verzerrt sein.

Wie Lewis Carroll in seinem Buch *Alice hinter den Spiegeln* beschreibt auch Ann Faraday die Traumelemente so, als sähe man sie durch einen Spiegel, weil manche von ihnen Spiegelbilder der wachen Welt sind. Andere sind verzerrt und äußerst seltsam sowie nur für den Träumer erkennbar.

Enge Beziehungen

In den meisten Träumen spielen Menschen eine wichtige Rolle. Faraday behauptet, wenn sie Ihnen sehr nahe stehen – wie Geliebte, Kinder, Eltern, enge Freunde und Kollegen –, dann stehen diese Personen im Traum für sich selbst. Bei der Traumdeutung sollten Sie deshalb kritisch nachfragen, was diese Menschen dort taten und was mit ihnen passierte, und die Umgebung und Traumhandlung mit einbeziehen. Sie rät, dass Sie vor allem sich selbst fragen sollten, was Ihr Traum Ihnen über Ihre aktuelle Beziehung zu diesen Menschen vermitteln will.

Manchmal verkörpern jedoch auch Familienmitglieder, Freunde und Kollegen einen Teil Ihrer eigenen Persönlichkeit – oft eine Leiche im Keller, die Sie noch nicht beseitigt haben.

Fremde im Vorübergehen

Wenn eine unbekannte Person eine wichtige Rolle in Ihrem Traum spielt, legt Faraday Ihnen nahe, zuerst herauszufinden, ob sie eine bestimmte Organisation, ein Ereignis, einen Menschen oder einen Ort symbolisieren, oder – wenn nicht – ob sie eine Seite von Ihnen selbst darstellen. Sie werden leicht

Übereinstimmungen finden, wenn Sie den Fremden aus dem Traum mit jemandem vergleichen, den Sie kennen. Ihn mit einem Element Ihrer eigenen Persönlichkeit in Verbindung zu bringen, kann schwieriger sein. Es kann eine Spaltung Ihrer Psyche oder ein ungelöstes Problem sein. Wenn der Fremde ein Kind ist, quälen Sie sich vielleicht noch mit einem traumatischen Erlebnis aus Ihrer Kindheit.

Die Schickimickis

Wie Delaney rät auch Faraday, mit der Assoziationsmethode zu untersuchen, ob Persönlichkeiten des öffentlichen Lebens in Ihrem Traum Personen entsprechen, die Sie kennen oder die zu Ihrer aktuellen Lebenssituation gehören. Werden Ihnen Aufgaben oder Probleme gezeigt, die Sie lösen sollten?

Zusatzinformation

Nach Fritz Perls verkörpert jedes Element im Traum einen Aspekt Ihrer Persönlichkeit. Sie machen nur gemeinsam den ganzen Charakter aus, handeln im Traum aber einzeln.

Ungeliebt
Claire fühlt sich von ihrer Familie weder respektiert noch in ihrem Wert geschätzt.

MEIN BERÜHMTER GELIEBTER

Claire träumt, dass sie ein Liebesverhältnis mit einem berühmten Filmstar hat. Dieser Schauspieler verkörpert regelmäßig den jugendlichen, mutigen und starken Helden, der obendrein charmant und geistreich ist. Im Traum tritt er zwar als realer Mensch auf, allerdings mit allen Eigenschaften des Kinohelden. Claire beobachtet, dass jede Frau eifersüchtig hinter ihr herschaut, weil ihr Star nur Augen für sie hat.

Claire träumt, dass sie ein Verhältnis mit einem berühmten Schauspieler hat.

Traumanalyse

Gayle Delaney betont, dass es wichtig ist herauszufinden, ob die Stars im Traum als Privatpersonen auftreten oder in einer ihrer Filmrollen. Auch bittet sie die Träumer, genau zu beschreiben, was sie im Traum tun und warum Sie sie mögen. Erinnert der Star Sie an Sie selbst oder an jemand anderen in Ihrem Leben? Hat er die gleichen Eigenschaften wie jemand, den Sie kennen? Oft träumt man von einem bestimmten Star, weil man ihm bestimmte Eigenschaften zuschreibt oder weil man glaubt, seine Eigenschaften und Fähigkeiten zu entwickeln.

Delaney meint, wenn der Star keine bestimmte Seite in Ihnen zum Klingen bringt, haben Sie vielleicht nur das Bedürfnis, Ihr Selbstwertgefühl aufzupolieren.

Claire hatte schon lange das Gefühl, dass ihr Mann und ihre Kinder sie als selbstverständlich hinnahmen und sie nicht zu schätzen wussten. Sie sehnte sich nach Anerkennung. Im Traum war sie etwas Besonderes. Sie fühlte sich gebraucht, begehrt und geehrt.

Claires Liebhaber ist verrückt nach ihr, obwohl alle anderen Frauen um seine Aufmerksamkeit buhlen.

Symbolik der Farben

Farbenblind
Sie sollten sich nicht zu sehr auf die konventionelle Bedeutung der Farben verlassen. Die Erfahrung im Traum ist einzig auf den Träumer abgestimmt.

Da allgemein anerkannt wird, dass Farben Teil des kollektiven Unterbewusstseins sind, sollten die Assoziationen einer ethnischen Gruppe auch für andere relevant und wichtig sein.

Von Rot nach Gelb

Rot wird vor allem mit Leidenschaft in Verbindung gebracht, mit Liebe, Wut, Lust, Zärtlichkeit und Kraft. Es ist auch das allgemeine Symbol für „Stopp!". Rot ist die Farbe des Wurzelchakras und steht demzufolge damit in Verbindung. Für Betty Bethards kann es von fehlender Energie zeugen, wenn es im Traum um die Farbe Rot geht. Für die Chinesen ist es eine Farbe der Freude, die häufig von Bräuten getragen wird.

Gelb ist eine glückliche Farbe, die Farbe der Sonne, des Lebenslichts und des allgemeinen Wohlbefindens. Gelb ist die Farbe des dritten Chakras und hilft in diesem Zusammenhang, Angst und Feigheit abzubauen. Träumen Sie von schmutzigen oder dunklen Gelbtönen, sollten Sie sich vor Verrat hüten.

Orange bedeutet Liebe, Frieden, Energie und Harmonie. Sollten Sie von Apfelsinen träumen, brauchen Sie vielleicht entsprechende Nahrung.

Von Grün bis Purpurrot

Grün ist die Farbe der Natur und bedeutet neues Wachstum. Sie hat therapeutische Wirkung und arbeitet mit dem Herzchakra, um verlorenes Gleichgewicht wieder herzustellen, zu heilen und Hoffnung zu bringen. Grün kennt man auch im Sinn von „unerfahren" und „eifersüchtig".

Das Farbspektrum Blau bis Purpurrot kündet von unterschiedlichen Entwicklungsstufen der Spiritualität. Azurblau hat mit Lebenszielen zu tun, während Mittelblau eine beruhigende Wirkung hat. Dunkle Blautöne wirken besinnlich und Indigo lässt auf Spiritualität und Schutz schließen. Die purpurroten Farbtöne zeugen von Weisheit und Wissen.

Schwarz und Weiß

Weiß steht für Reinheit, Einfachheit, Unschuld und Neubeginn, Schwarz für Traurigkeit, Verlust und Tod. Wenn Schwarz im Traum dominiert, zeugt das von einem ins Unterbewusstsein verdrängten Trauma. Weiß, die Farbe des Kronenchakras, bedeutet Erleuchtung. Ein weißer Fleck in einem schwarzen Traum ist wie ein Leuchtturm.

Zusatzinformation

Chakras sind wirbelnde Energiestrudel im menschlichen Körper. Jedes hat seine eigene Aufgabe. Das Hals-Chakra liefert etwa die Energie für Kommunikationsfähigkeiten.

Verlassen
Anna wurde von ihrem Freund verlassen. Sie ist wütend und eifersüchtig, weil er eine neue Beziehung hat.

EIFERSÜCHTIG

Anna trifft im Traum ihren ehemaligen Freund Paul auf einer Party. Er hatte sie wegen einer anderen Frau – seiner neuen Freundin Stephanie – verlassen, mit der er Arm in Arm auftaucht. Beide sind ganz in Rot gekleidet und haben nur Augen füreinander. Als Anna an sich hinunterschaut, stellt sie mit Entsetzen fest, dass sie genau das gleiche Kleid trägt wie Pauls neue Freundin, nur dass ihres grün ist.

Anna träumt, dass sie ihren Ex-Freund mit seiner neuen Freundin auf einer Party trifft.

Traumanalyse

Die Forschung hat ergeben, dass wir zwar meistens in Farbe träumen, uns aber nur dann daran erinnern, wenn eine Farbe besonders hervorsticht. Im Traum sind die Farben oft sehr lebhaft. Frauen träumen häufiger von ihnen als Männer. Betty Bethards sieht die Farben in Verbindung mit den Chakras und deren verschiedenen Bedeutungen und Eigenschaften, da sie verschiedene Stadien des Bewusstseins symbolisieren. Eine Farbe im Traum weist darauf hin, welche Eigenschaften und Energien blockiert sind oder fehlen, bzw. welches Chakra nicht im Gleichgewicht ist. Wenn die Farbe an ein Objekt gebunden ist – z. B. Rubin, Orange oder Himmel – konzentriert sich Ihr Unterbewusstsein auf die Symbolik der Farbe und weniger auf die des Objekts.

Anna erkennt, dass sie Paul und seine neue Freundin mit Leidenschaft und Liebe in Verbindung bringt, denn das Auffallendste an ihnen war das Rot ihrer Kleidung. Auch gab sie zu, dass ihr an ihr selbst besonders das Kleid aufgefallen war, nicht nur, weil es das gleiche Modell war wie Stephanies, sondern besonders weil es grün war. Ihr wurde klar, dass sie sich nach etwas sehnte, das sie nicht haben konnte und eifersüchtig war. Nach ihrer Einsicht fiel es ihr leichter, Paul loszulassen und in die eigene Zukunft zu schauen.

Anna stellt entsetzt fest, dass sie das gleiche Kleid trägt wie ihre Rivalin, nur dass ihres grün ist – die Farbe der Eifersucht.

Zahlen und Numerologie

Nach Zahlen malen
Wenn Zahlen im Traum eine Rolle spielen, können sie ein bestimmtes Problem beleuchten oder eine Seite zum Schwingen bringen, die Ihnen bei der Deutung hilft.

Numerologie – das Studium der Zahlen und ihrer Bedeutung – beruht auf dem Glauben, dass jede Zahl ihre eigene Energie und Schwingungsqualität besitzt, womit sie im Einklang mit dem Rhythmus des Universums ist.

Wenn Zahlen in Ihrem Traum auftauchen, haben sie entweder für Sie eine bestimmte Bedeutung oder Ihr Geist versucht Ihnen etwas mitzuteilen, was Sie bewusst nicht erkannt haben. Träume arbeiten auf verschiedenen Ebenen. Darum ist es wichtig zu wissen, dass sie nicht nur von Tatsachen berichten, sondern auch symbolische Schlussfolgerungen vorschlagen. Manchmal blitzt eine Zahl auf, aber meist fällt eher eine bestimmte Anzahl von Dingen – z. B. Stühle – in einem Zimmer auf. Dann hinterfragen Sie, warum diese Information wichtig für Sie ist.

Eins, Zwei und Drei

Die Eins steht für den Führer, den Pionier oder für den Träumer, der sich auf den Weg macht, seine Ziele zu erreichen. Es ist die Zahl der Kraft und Autorität.

Die Zwei steht für Dualität und Harmonie. Der Traum könnte sie auf Ihre aktuelle Partnerbeziehung hinweisen oder auf ein Ziel, das Sie sich selbst gesetzt haben.

Drei ist das Zeichen der Einheit von Körper, Geist und Seele, die Zahl der Kreativität und Intuition. Ihr Traum rät Ihnen, sich von Ihrer Kreativität und Inspiration leiten zu lassen.

Vier bis Zehn

Wenn Ihnen die Vier auffällt, mahnt Sie Ihr Unterbewusstsein, Ihrem Leben eine solide Grundlage zu geben.

Die Fünf steht für die fünf Sinne und ermutigt Sie, sich frei zu machen und Ihrem Traum zu folgen.

Sechs ist das Zeichen für Familie, Integrität, Wahrheit und Stabilität.

Sieben ist die Zahl der Mystik und des inneren Bewusstseins.

Wenn man von der Acht träumt, soll sie Glück bringen, bzw. Wohlstand durch harte Arbeit.

Alle Art von Wohltätigkeit wird mit der Neun in Verbindung gebracht, der Zahl für erweitertes Bewusstsein.

Zehn steht für die Vollendung, vielleicht eines Projekts oder Ziels.

Zusatzinformation

Die Null steht für das Unbewusste oder Absolute. Da in dieser Zahl alles oder nichts stecken kann, symbolisiert sie Möglichkeiten.

VERTIEFUNG

Ann Faraday meint, Traumanalytiker sollten sich nicht nach den Therapeuten richten, sondern nach den Träumern selbst, wenn diese ihre Selbsterkenntnis vertiefen wollen. Sie ist überzeugt, dass wir alle Fähigkeiten dazu haben, sie allerdings meistens brach liegen lassen, weil wir zu sehr mit psychologischen Spielen und schädlichen Beziehungen beschäftigt sind. Wenn Sie die Kraft Ihrer Träume nutzen, können Sie sich von ungesunden Emotionen oder Beziehungen befreien, indem Sie sie erst einmal annehmen. In diesem Teil finden Sie viele praktische Hilfen für einen friedlichen Schlaf sowie Methoden, wie man luzide Träume oder hypnoseähnliche Zustände herbeiführen und dadurch lernen kann, auch mit Albträumen und immer wiederkehrenden Träumen besser umzugehen.

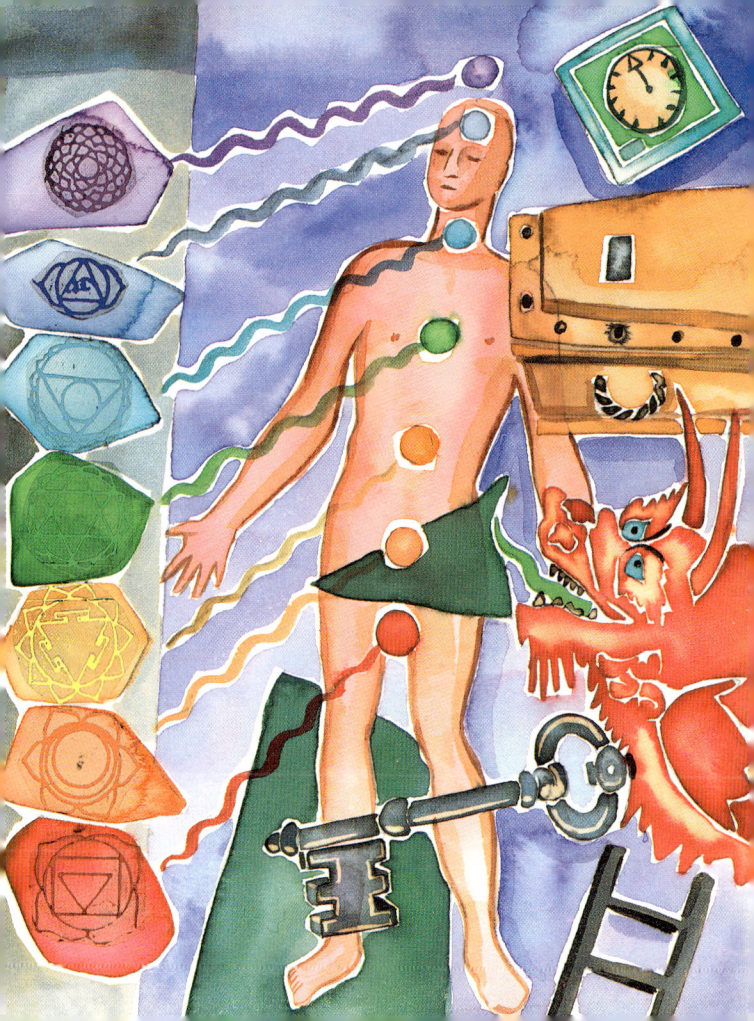

Kräuter und Öle

Lavendelblüten
Lavendel ist ein bekanntes schlafförderndes Kraut und besonders für Kinder geeignet.

Es gibt viele alte Bräuche, die sich zur Schlafförderung mit Kräutern beschäftigen. Früher galten Blattsalat oder eine Mischung aus Hopfen und Misteln als Schlafmittel und Kamille- oder andere Kräutertees wurden als Betäubungsmittel benutzt.

Das klassische Schlafmittel ist jedoch Baldrian, besonders wenn er mit der Passionsblume gemischt wird. Baldrian war in beiden Weltkriegen ein beliebtes Mittel gegen Schock und Albträume. In der ayurvedischen Medizin wird bei Schlafstörungen eher die Passionsblume eingesetzt. Die Franzosen greifen zu Limonenblüten, um den Schlaf zu fördern und anspannungsbedingte Kopfschmerzen zu behandeln. Das beliebteste Kraut zur Schlafförderung und Verhinderung von Albträumen ist Lavendel. Es ist zwar besser als Duftstoff bekannt, aber es wird auch wegen seiner medizinischen Eigenschaften angebaut. Aus den Blüten werden entweder Füllungen für Duftkissen oder ätherische Öle hergestellt. Lavendel wirkt antiseptisch und antibakteriell, es beruhigt die Nerven, entspannt die Muskeln und fördert erholsamen Schlaf.

Probieren Sie selbst verschiedene Kräuter aus, um das für Sie am besten geeignete zu finden. Füllen Sie Ihre Lieblingsmischung in ein Kissen oder geben Sie sie in ein Beutelchen aus Musselin.

Ätherische Öle

Heute gilt die Aromatherapie als sehr wirkungsvolles Entspannungsmittel, um psychologische und physiologische Probleme auszugleichen. Ätherische

Öle werden aus Blumen, Kräutern, Bäumen, Gewürzen und Gemüsepflanzen gewonnen, und zwar durch Destillation von Blüten, Blättern, Rinden, Früchten, Holz, Harz oder Knospen. Einige Öle, wie die des Ingwers oder schwarzen Pfeffers, sind sehr stimulierend und sollten sparsam verwendet werden, während andere wie die der Rose, der Pomeranzen oder des Sandelholzes auf die Sinne wirken. Lavendel und Kamille hingegen beruhigen sehr.

Ätherische Öle kann man versprühen oder eine Mischung davon ins Bad geben, das man vor dem Schlafengehen nimmt. Die bekannte Aromatherapeutin Julia Lawless empfiehlt eine Mischung von Kamille, Lavendel und Rose für ein entspannendes Bad am Abend. Sie können auch etwas Öl in einen Zerstäuber geben und Ihr Kissen oder Taschentuch besprühen, um besser einzuschlafen. Für eine Massage vor dem Liebesspiel oder dem Schlaf empfiehlt sie eine Mischung aus ätherischen Ölen von Jasmin, Ylang-Ylang und Sandelholz.

KRISTALLE

Seit Jahrtausenden kennt man die heilenden und harmonisierenden Kräfte der Edelsteine. Jeder Kristall strahlt eine bestimmte Energie aus, die auf unser eigenes Energiesystem wirkt und die hilft, ein gestörtes Gleichgewicht auszugleichen. Suchen Sie Ihren Stein sehr sorgfältig aus. Kristalle stimmen sich auf Ihre Bedürfnisse ein, Sie werden wahrscheinlich instinktiv zu dem greifen, von dem Sie sich am meisten angezogen fühlen, auch wenn Sie vielleicht vorher an einen anderen gedacht hatten.

Achat
baut wirkungsvoll Stress ab.

Amethyst
beruhigt, entspannt und fördert den Schlaf.

Blaugemaserter Achat
vermittelt emotionale Sicherheit.

Smaragd
fördert Frieden und Harmonie, entwirrt die Gedanken und fördert ungestörten Schlaf.

Jaspis
ist ein kraftvoller Heiler, der mit allen Chakras arbeitet.

Lapislazuli
öffnet das Herz, stärkt das Vertrauen und hebt das Bewusstsein.

Quarz
hat eine beruhigende Wirkung, fördert inneren Frieden und Gelassenheit.

Rosenquarz
beruhigt das Herz und fördert die bedingungslose Liebe.

Topas
entspannt und harmonisiert. Er schützt wirkungsvoll vor Albträumen.

Aventurin
fördert Heilung und Intuition.

Schwarzer Onyx
enthüllt unterdrückte Gefühle.

Handschmeichler
fördern den Energieaustausch zwischen dem Stein und seinem Träger.

Karneol
erdet, gibt Lebensfreude und hebt das Selbstwertgefühl.

Malachit
gibt Schutz und Stabilität.

Perlmutt
harmonisiert und baut Negativität ab.

Rhodonit
steigert die Selbstachtung.

Sodalith
hilft, Kommunikationsprobleme zu lösen, und gibt Kraft.

Tigerauge
schützt und schärft unsere Gedanken, die auf Materie gerichtet sind.

Türkis
harmonisiert und verleiht Selbstsicherheit.

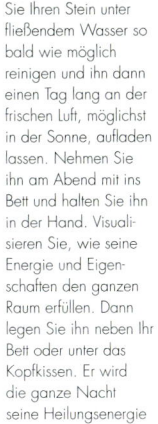

Reinigung

Nach dem Kauf sollten Sie Ihren Stein unter fließendem Wasser so bald wie möglich reinigen und ihn dann einen Tag lang an der frischen Luft, möglichst in der Sonne, aufladen lassen. Nehmen Sie ihn am Abend mit ins Bett und halten Sie ihn in der Hand. Visualisieren Sie, wie seine Energie und Eigenschaften den ganzen Raum erfüllen. Dann legen Sie ihn neben Ihr Bett oder unter das Kopfkissen. Er wird die ganze Nacht seine Heilungsenergie abgeben.

Eine andere Art von Schlaf

Halbschlaf
Die hypnagogischen Bilder im Halbschlaf sind besonders lebendig.

Sie kennen wahrscheinlich den halbträumenden Zustand kurz vor dem Einschlafen, bekannt als Hypnagogie. Er setzt ein, kurz bevor man in den ersten Schlafzyklus abdriftet – also bevor man die den Schlaf einleitenden physiologischen Veränderungen durchmacht.

Hypnagogischer Schlaf scheint eine Reihe von unzusammenhängenden Bildern oder Informationsfetzen mit sich zu bringen, die zwar sehr flüchtig, aber von lebhafter, fast übernatürlicher Schönheit sind. Sie beeinhalten oft archetypische Figuren und sind voller symbolischer und visionärer Farben. Wenn Sie das Glück haben, hypnagogischen Schlaf zu erleben, werden sie feststellen, dass Visionen von bestechender Klarheit Ihnen Einblick in Ihre aktuelle Lebenssituation gewähren.

Hypnopompie

Eine ähnliche Flut aus unzusammenhängenden Bildern kann kurz vor dem Aufwachen auf Sie einstürzen. Man nennt sie Hypnopompie. Untersuchungen haben ergeben, dass diese Zustände einander so ähnlich sind, dass man beide als hypnagogisch einstufen kann. Der einzige Unterschied besteht darin, dass die hypnopompischen Bilder nach dem Aufwachen länger im Gedächtnis bleiben als die hypnagogischen Bilder mit ihren kreativen Problemlösungsvorschlägen.

Hypnagogische Bilder

Das Verblüffende, aber auch Frustrierende an den hypnagogischen Bildern ist, dass sie unzusammenhängend sind und halluzinatorische Qualität haben. In konventionellen Träumen gibt es meist einen Faden, der die Bilder logisch miteinander verknüpft. Den gibt es bei hypnagogischen Bildern nicht. Sie können z. B. einen Berg bei Sonnenaufgang sehen und gleich danach eine lesende Frau, einen Fisch in gesprenkeltem Wasser, gefolgt von einer Treppenflucht oder einem Kind mit Hut. Keines der Bilder hat mit einem der anderen zu tun oder mit irgendetwas, woran Sie sich erinnern können.

Manchmal hören Sie vor oder nach den Bildern Gesprächsfetzen, die ebenso wenig mit Ihnen zu tun haben, oder Sie haben das Gefühl zu schweben, zu fallen oder zu fliegen. Als Reaktion auf diese Phänomene geht manches Mal ein plötzlicher Ruck durch Ihren Körper.

Zusatzinformation

Die Bilder und Laute, die sie während des hypnagischen Schlafs sehen und hören, sind denen, die Sie während einer Meditation erleben, sehr ähnlich.

HYPNAGOGISCHER SCHLAF

Begeisterte Träumer fragen oft, wie sie den hypnagogischen Zustand herbeiführen können. David Fontana erklärt die Methode gut. Er meint, dass die meisten von uns beim Zubettgehen über die Tagesereignisse nachdenken, bis wir entspannen und uns erlauben einzuschlafen. Zur Induktion von hypnagogischem Schlaf verhindert man das Einschlafen, indem man diesen Vorgang beobachtet.

Chakra aussuchen

Fontana rät, sich wie zum Schlafen hinzulegen, an nichts Bestimmtes zu denken und sich bewusst zu entspannen. Er selbst richtet seine Aufmerksamkeit hinter seine geschlossenen Augenlider, andere auf ihr „drittes Auge", das Herz- oder Kronen-Chakra. Nach Fontana richten sich die Visionen nach der Energie, auf die man sich konzentriert: Beim Kronen-Chakra werden die Visionen wahrscheinlich transformatorisch sein, beim Wurzel-Chakra eher sinnlich. Wählen Sie das Chakra, das Ihnen richtig erscheint. Wenn Sie sicher sind, dass Ihre Augenmuskeln entspannt sind, schauen Sie in die Dunkelheit. Ohne bewusste Anstrengung wird ein Bild erscheinen. Es kann so schwach und durchsichtig sein, dass Sie es kaum wahrnehmen, aber es ist eines, das Sie selbst erscheinen ließen.

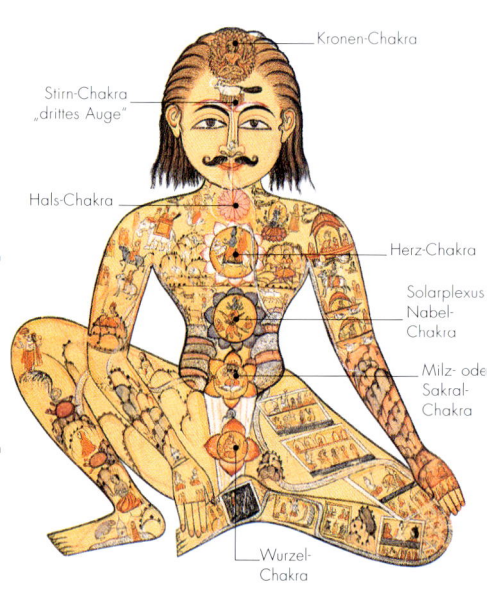

Kronen-Chakra
Stirn-Chakra „drittes Auge"
Hals-Chakra
Herz-Chakra
Solarplexus Nabel-Chakra
Milz- oder Sakral-Chakra
Wurzel-Chakra

Training

Fontana betont, dass Sie nicht aufgeben sollten, wenn es Ihnen nicht gleich gelingt, sich in hypnagogischen Schlaf zu versetzen. Man kann vier, fünf oder auch hundert Versuche brauchen. Auch betont er, dass es wichtig ist, die Bilder kommen und gehen zu lassen. Wenn Sie zu sehr versuchen, eines festzuhalten, verlieren Sie es ganz oder wachen sogar auf. Danach den Zustand wieder zu erreichen oder gar einzuschlafen, ist äußerst schwierig.

Was ist Meditation?

Fokus
Sie können Ihre Aufmerksamkeit auf ein beliebiges Objekt fokussieren: eine Kerze, ein Stein, ein Blatt usw.

Viele Meditierer, die auch den hypnagogischen Schlaf kennen, bestätigen, dass die visuellen Bilder und die wahrgenommenen Geräusche denen während einer Medition sehr ähnlich sind.

Viele Menschen glauben, Meditation sei eine religiöse Übung oder gehöre zur New-Age-Bewegung. Sie halten sie für zu kompliziert und zeitraubend, um sie lernen zu wollen. Dabei ist sie eigentlich nur das bewusste Lenken der Aufmerksamkeit zur Veränderung des Bewusstseinszustands.

Meditation war schon immer ein Mittel zum spirituellen Wachstum, aber die neuere Forschung hat gezeigt, dass sie eine wertvolle Hilfe dabei ist, Stress abzubauen und Heilung jeder Art zu unterstützen – sei sie emotionaler, physiologischer (senkt den Blutdruck und verlangsamt den Puls) oder psychologischer (entwickelt eine gute Intuition und fördert Transformation) Natur.

Spirituelle Ausbildung

Es gibt zahlreiche Meditationsschulen und -techniken, die alle ihren Wert haben, aber eigentlich gibt es nur einen richtige Art zu meditieren: die, mit der Sie am besten klarkommen. Zu vielen der bekannten Methoden gehören auch Atemübungen (im Yoga *pranayama* genannt), die Wiederholung eines Klanges, Wortes oder Mantras, die Betrachtung einer bestimmten Farbe oder Idee, eines Gegenstands oder Symbols sowie die Visualisierung. Meditation ist einfach. Selbst die größten Skeptiker merken schnell, dass es ihnen hilft, sich zu entspannen, und dass sich ihre Konzentrationsfähigkeit erhöht. Sie bekommen einen besseren Zugang zu ihrem Unterbewusstsein und erlangen größere Erkenntnis.

Beim Meditieren sollten Sie ein paar Dinge unterlassen. Zwingen Sie sich nicht in eine bestimmte Sitzposition oder Lage. Versuchen Sie nicht, irgendetwas zu erzwingen. Haben Sie keine Angst bei den Gedanken, die Ihnen einfallen – nehmen Sie sie einfach an und lassen Sie sie weiterziehen. Meditation heißt nicht, dass man den Kopf leeren muss. Er soll nur ruhig werden, damit Bewusstsein eintreten kann. Erwarten Sie nicht, etwas zu „sehen". Vielleicht sehen Sie gar nichts, sondern fühlen stattdessen mehr. Vor allem übertreiben Sie anschließend die Analyse Ihrer Meditation nicht. Sie transformiert und baut auf, nicht ab.

Zusatzinformation

Das größte Missverständnis über Metidtation ist der Glaube, sie sei schwierig zu erlernen und fordere viel Zeit und Disziplin. Dabei ist Meditation einfach und äußerst angenehm.

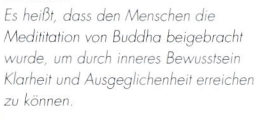

Buddha
Es heißt, dass den Menschen die Medititation von Buddha beigebracht wurde, um durch inneres Bewusstsein Klarheit und Ausgeglichenheit erreichen zu können.

MEDITATIONSÜBUNG

Wenn wir das Meditieren lernen, sollten wir nicht zu viel auf einmal erwarten. Fangen Sie mit 5 Minuten täglich an und steigern Sie Ihre Meditationszeit langsam auf 20–30 Minuten oder mehr. Am besten sitzen Sie mit geradem Rücken auf dem Boden oder auf einem Stuhl. Wählen Sie dazu eine ruhige Zeit und einen ruhigen Ort. Am besten informieren Sie Ihre Umgebung, dass Sie meditieren und in der nächsten Zeit nicht gestört werden wollen. Versuchen Sie, ob die folgende Meditationstechnik die richtige für Sie ist:

Technik

1 *Setzen Sie sich mit geradem Rücken bequem hin und schließen Sie die Augen. Denken Sie daran, wie Sie atmen, wie sich Ihr Bauch hebt und senkt und wie warm Ihr Atem ist, wenn er aus der Nase austritt. Wenn sich Gedanken, Gefühle oder physische Dinge aufdrängen, nehmen Sie sie wahr, schenken Sie ihnen aber keine weitere Beachtung. Wenn Ihre Aufmerksamkeit abwandert, konzentrieren Sie sich wieder auf Ihr Atmen. Auch nach der Meditation bleiben Sie noch eine Weile so ruhig.*

2 *Viele Untersuchungen haben immer wieder den heilenden, harmonisierenden und therapeutischen Wert von Farben bestätigt. Sitzen Sie bequem, aufrecht und mit geschlossenen Augen. Visualisieren Sie einen leuchtenden Lichtball, der über Ihrem Kopf schwebt. Stellen Sie sich vor, dass das Licht langsam auf Sie herabfällt, durch das Kronen-Chakra im Kopf in Sie eindringt, nach und nach jeden Zentimeter Ihres Seins durchdringt und Sie dabei reinigt und heilt.*

3 *Wiederholen Sie die Übung, visualisieren Sie aber jetzt, wie das Licht rot, orange, gelb, grün, blau, indigo und violett wird.*

4 *Zum Schluss visualisieren Sie, dass Sie selbst ganz in Licht getaucht sind, und zwar in der Farbe, die Ihnen im Moment als richtig erscheint.*

Sie denken an Ihr Atmen.

Die Hände sind entspannt.

Die Fußsohlen ruhen flach auf dem Boden.

Die Augen sind ganz oder halb geschlossen.

Der Rücken ist gerade.

Sie sitzen bequem.

Albträume und Schlafstörungen

Mit offenen Augen
Schlafwandler werden fälschlicherweise oft für Personen gehalten, die nicht schlafen können und sich die Beine vertreten wollen.

Untersuchungen haben ergeben, dass wir die meisten Albträume im REM-Schlaf haben und dass sie oft durch ein unerwartetes Geräusch oder akutes Unwohlsein ausgelöst werden. Kinder und Jugendliche haben häufig Albträume, die im erwachsenen Alter aufhören. Wenn nicht, handelt es sich meist um wiederkehrende Träume, die auf ein tiefes, ungelöstes Problem schließen lassen, das im Unterbewusstsein Unruhe stiftet.

Die meisten Traumdeuter sind sich einig, dass der Albtraum einer der kostbarsten Lehrträume ist, den man haben kann. Nach Betty Bethards konfrontiert der Albtrum den Träumer entweder mit einer Angst, die er überproportional wahrnimmt, oder mit einem Gefühl, das er bis zu einem schädigenden Grad unterdrückt.

Opfer oder Täter?

Albträume gibt es in zwei gegensätzlichen Formen: Entweder passiert dem Träumer etwas Schreckliches oder er tut jemand anderem etwas Schreckliches an. In der Opferrolle träumt man meist davon, gejagt oder angegriffen zu werden (s. S. 100–101). In der Täterrolle sind die schlimmsten Träume diejenigen, in denen man jemanden umbringt oder zuschauen muss, wie jemand gequält oder getötet wird. Die Träume lassen darauf schließen, dass ein Teil des Träumers unterdrückt wurde, der sich mit Gewalt zu Wort meldet.

Parasomnie

Schlafwandeln und Schlafterror sind Aufwachstörungen im Non-REM-Schlaf. Schlafwandler wachen oft aus diesem Schlaf auf, ohne überhaupt REM-Schlaf erlebt zu haben.

Menschen, die unter Schlafterror leiden, können sich kaum an etwas erinnern, nur dass sie von überwältigender Angst ergriffen wurden. Kinder erleben das viel häufiger als Erwachsene. Sie sitzen dann meist erschrocken im Bett. Sie starren ins Leere und schwitzen heftig. Wenn Sie versuchen, sie in den Arm zu nehmen, kämpfen sie, um sich aus Ihrem Griff zu befreien.

Schlafterror unterscheidet sich in wesentlichen Dingen von Albträumen. Nach einem Albtraum, den sie normalerweise im REM-Schlaf haben, wissen die Träumer beim Aufwachen, wo sie sind. Nach Schlafterror sind sich die Kinder nur teilweise ihrer realen Umgebung bewusst.

Rote Ampeln
Albträume sind dringende Botschaften des Unterbewusstseins mit der Aufforderung aufzuwachen und aufzupassen.

UMGANG MIT ALBTRÄUMEN

Die meisten Albträume verursachen Herzklopfen und erdrückende Ängste. Gayle Delaney betont nachdrücklich, dass – obwohl Albträume so unangenehm sind, dass man sie am liebsten schnell wieder vergessen will – man sich aber genau dadurch die Botschaft entgehen lassen würde, die der Traum auf besonders dringliche und brutale Weise überbringen will. Albträume sind wie rote Ampeln: Sie versuchen dem Träumer ein persönliches oder emotionales Problem zu zeigen, das er unbedingt lösen sollte. Meist geht es um ignorierte oder unterdrückte Gefühle oder um Wünsche, die man unbedingt erfüllt haben möchte. Wenn die Botschaft angenommen wird, lässt die Angst nach und der Albtraum verschwindet.

Rollentausch
Jill Gregory, Leiterin des kalifornischen Traumzentrums in Novato, bringt Kindern bei, sich ihren Albträumen zu stellen, indem sie sie ermutigt, sie nachzuspielen. Die Kinder basteln bei ihr Kostüme für ihre Traumungeheuer, spielen sie dann und erzählen ihren Albtraum. Ann Sayre Wiseman, Mitglied der Gesellschaft für Traumforschung, bittet die Kinder, erst ihre Monster und dann die Lösung zu zeichnen. Anfangs wollen die Kinder die Monster zwar meist töten, entwickeln dann aber Strategien, um sie zu fangen oder zu zähmen. Durch das Malen erleben sie einen Raum, in dem sie ihnen sicher begegnen und sie erforschen können, ohne weglaufen zu müssen.

Der Traumfänger

Ursprünglich wurden sie von Indianern hergestellt, diese aus Fäden geknüpften Netze, die von einem Ring umgeben sind, an dem Ketten, Federn, kleine Steine, Blätter oder Muscheln hängen. Nach indianischem Glauben werden die Träume durch das Netz gefiltert und entweder sofort geträumt oder in dem Schmuck gelagert, um später geträumt zu werden. Schlechte Träume werden im Netz gefangen und schmelzen in der aufgehenden Sonne.

Verkleiden

Durch das Basteln von Kostümen und das Spielen der Rollen ihrer Traummonster leben Kinder ihre Angst aus und lernen, ihren Albträumen vorzubeugen.

Luzide Träume

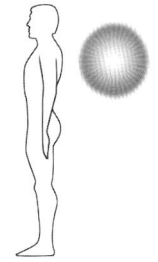

Der Montagepunkt
An diesem Punkt neben dem Körper wird reine Energie in Sinnesdaten umgewandelt.

Die Begriffe „luzides Träumen" oder „Klarträumen" wurden von Frederick van Eeden, einem holländischen Psychiater, geprägt, um Träume zu beschreiben, bei denen man sich bewusst ist, dass man träumt und trotzdem die Traumentwicklung und -lösung beeinflussen kann.

Virtuelle Realität

Luzide Träume haben eine besondere Qualität von Freiheit, die sich in dem Moment einstellt, in dem man merkt, dass man träumt und der Traum seinem Willen zu folgen scheint. Der Rahmen wird zwar vom Unterbewusstsein geliefert und kann nicht verändert werden, aber man kann bewusst das Geschehen beeinflussen. Nach Peter Fenwick, Neuropsychiater am John-Radcliffe-Krankenhaus in Oxford, kann man so am ehesten virtuelle Realität erleben. Es ist, als ob man im Schlaf hellwach ist und mit Logik und Verstand an der Lösung von Problemen arbeitet.

Magische Bewegungen

Der Autor Carlos Castaneda wurde in die Kultur der Schamanen eingeführt, die bereits vor Jahrtausenden in Mexiko die Energie des Universums und sich selbst als Energiefelder sehen konnten.

Wenn ein Mensch als ein Konglomerat von Energiefeldern wahrgenommen wird, kann man einen Punkt von besonders intensiver Leuchtkraft sehen, der sich auf Höhe der Schulterblätter, eine Armeslänge hinter dem physischen Körper befindet. Die Schamanen nannten ihn den „Montagepunkt", weil darin der Einfluss reiner Energie in

Sinnesdaten umgewandelt und nutzbar gemacht wird. Dann beobachteten sie, dass sich der Montagepunkt während des Schlafes verschob und dass die Träume umso bizarrer wurden, je größer die Verschiebung war. Sie fingen an, den Montagepunkt willentlich zu verschieben, um verschiedene Energiefelder und mit ihnen andere Sinnesdaten und andere Welten zu erleben. Die Schamanen nannten diese Technik „Kunst des Träumens", mit der sie unvergleichliches Wohlbefinden erlebten. Sie verfeinerten die Technik, indem sie bestimmte körperliche Bewegungen nachvollzogen, mit denen sie auch im Wachzustand klarer sehen und denken konnten. Sie nannten sie „magische Bewegungen" und den Zustand erhöhter Wahrnehmung „Klarträumen".

Zusatzinformation

1867 berichtete der Marquis Hervey de St. Denys, dass er im Traum eine Uhr schlagen hörte. Da er wusste, dass er träumte, berechnete er, wie lange er noch schlafen konnte.

LUZIDE TRÄUME INDUZIEREN

Nicht jeder hat das Glück von selbst luzid zu träumen. Klarträume sind inspirierende Erlebnisse und das Erlernen von luziden Träumen ist grundsätzlich möglich. Peter Fenwick hat viel auf diesem Gebiet geforscht und meint, dass es leichter fällt, wenn man sowieso dazu neigt. Aber auch dann braucht man noch etwas Übung, um gelegentlich klarzuträumen. Stephen LaBerge vom Schlafzentrum der Stanford-Universität trainierte gemeinsam mit seinen Studenten und ist mittlerweile ein erfahrener Klarträumer.

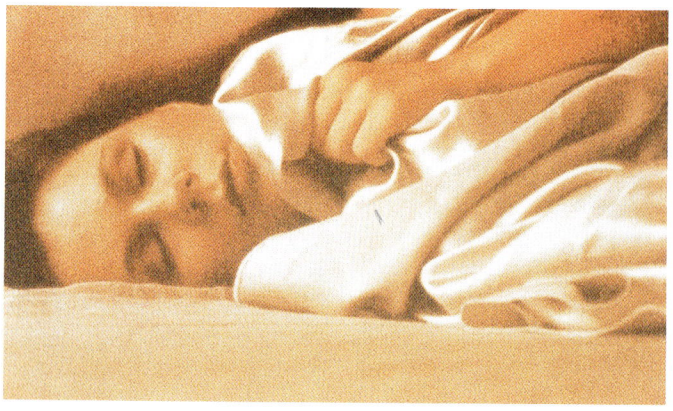

Wecken lassen
Es gibt mehrere Methoden, luzide Träume zu induzieren. David Fontana schlägt vor, wenn eine zunächst erfolgreiche Methode nicht mehr funktioniert, eine andere auszuprobieren. Er meint, dass man sehr wahrscheinlich luzide Träume hat, wenn man sich nach drei bis vier Stunden Schlaf wecken lässt, aufbleibt bis zur normalen Aufstehzeit, und sich dann wieder schlafen legt.

Mittagsschlaf

Als Alternative schlägt Fenwick vor, sich nachmittags schlafen zu legen (wenn man normalerweise wach ist). Dann hat man meist nur einen leichten Schlaf und es ist einfacher, luzide Träume zu haben. Eine weniger lästige Methode ist, sich selbst tagsüber immer wieder zu fragen, ob man wach ist oder schläft. Wenn man dann am Abend schlafen geht, macht man sich selbst klar, dass man sich beim nächsten Traum des Träumens bewusst ist.

Falsches Aufwachen

Einige Klarträumer berichten von einer Erfahrung, die die dem luziden Träumen sehr ähnlich ist. Statt zu merken, dass man träumt, träumt man, dass man aufwacht, bzw. in einem neuen Traum aufwacht. Das kann manchmal so real sein, dass der Träumer aufsteht, sich anzieht, frühstückt und zur Arbeit geht – und zwar im Traum.

Außerkörperliche Erfahrungen

Körper und Seele
Das Wissen um den feinstofflichen Körper ist in fast allen Kulturkreisen weit verbreitet.

Erfahrungen außerhalb des Körpers werden in der amerikanischen Literatur OBE (Out-of-body experience) genannt und sind vielfach bezeugt. Einer von 10–20 Menschen hat so etwas schon erfahren. Man erlebt, wie das Bewusstsein vom Körper getrennt wird und wie man die Welt beobachten kann, ohne dazu einen physischen Körper oder physische Sinne zu brauchen.

Menschen, die außerkörperliche Erfahrungen gemacht haben, berichten alle, dass sie auf andere Art in einer Form verkörpert waren, deren Gestalt, Richtung und Ort sie willentlich verändern konnten. Sie beschreiben ein brausendes Geräusch und eine innere Vibration sowie das deutliche Empfinden, dass ihr Bewusstsein vom physischen Körper getrennt war.

Ebenbilder des Körpers

Im Laufe der Geschichte wurden OBEs in vielen Theorien erklärt. Die alten Griechen glaubten an einen zweiten Körper, in den sich unsere Seele zurückzieht. Für Platon war alles, was wir im Wachzustand wahrnehmen, das Echo dessen, was die Seele ohne Bindung an den Körper sehen würde. In den tibetanischen und ägyptischen Büchern des Todes wird eine spitituelle Energie beschrieben, die vom physischen Körper getrennt und projiziert werden kann. Die Tibeter sprechen vom *Bardo*-Körper, einem Duplikat des physischen Körpers, der sich im Tod von ihm trennt. Das Wissen um den feinstofflichen Körper ist überall verbreitet.

OBE oder NDE?

Auch Edgar Cayce äußerte sich über die Möglichkeit, dass das Bewusstsein den physischen Körper verlassen und in Raum und Zeit so genannte Astralreisen unternehmen kann. Wenn man erst einmal eine Erfahrung außerhalb des Körpers gemacht hat, kann man nicht mehr leugnen, dass unser Bewusstsein nicht mit unserem Körper identisch ist und demzufolge auch dann weiterlebt, wenn der Körper stirbt.

Der Tod ist also das endgültige OBE, besonders für die zahlreichen Patienten, die nach einem Herzstillstand bereits ein Nah-Tod-Erlebnis (NDE) hatten, indem sie ihren Körper beobachten und den Arzt hören konnten, wie er sie für klinisch tot erklärte, während sie sich leicht und voller Energie fühlten.

Zusatzinformation

Mitglieder der 1875 von Madame Blavatsky gegründeten Theosophischen Gesellschaft behaupteten, ihre Körper willentlich verlassen zu können und nannten diese Erfahrung „astrale Projektion".

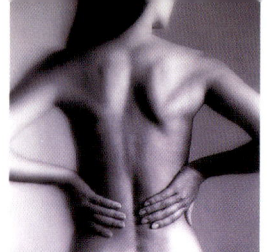

Intuitive Hilfe
Als sich meine chronischen Rückenschmerzen meldeten, machte ich kurz danach eine außerkörperliche Erfahrung.

KLARE VISIONEN

Menschen mit außerkörperlichen Erfahrungen können sich dorthin projizieren, wo ihre Hilfe gebraucht wird. Es kann sein, dass Sie Ihre erste OBE nach einem Schlüsselerlebnis im Leben haben. So war es jedenfalls bei mir. Kurz nach der Geburt meiner Tochter, hatte ich die erste von mehreren OBEs. Mir kam eine Freundin in den Sinn und ich hatte das Gefühl, dass es ihr nicht gut ging. Ich spürte, wie ich mich von mir selbst löste, bei ihr war und ihr den Kopf massierte. Am nächsten Tag erzählte sie mir, dass sie mit einer Migräne ins Bett gegangen war und in der Nacht geträumt hatte, dass die Schmerzen verschwanden, nachdem ich ihr den Kopf massiert hatte. Ein anderes Mal hatte ich eine OBE, als ich Rückenschmerzen hatte. Ich erinnere mich, wie meinen Körper beobachten und sehen konnte, was damit nicht stimmte. Instinktiv wusste ich, wie ich ihm auf chiropraktische Weise helfen konnte und tat dies auch, obwohl ich es nie gelernt hatte.

Schlüsselergebnis
Oft macht man seine erste Erfahrung außerhalb des Körpers unvorbereitet – als Ergebnis eines Schlüsselerlebnisses.

Astrale Projektion

Wenn Sie eine außerkörperliche Erfahrung machen wollen, sollten Sie sich wie hier beschrieben entspannen:

1 *Atmen Sie tief und gleichmäßig, während Sie jeden Teil des Körpers entspannen. Konzentrieren Sie sich dabei auf Ihren Körper und visualisieren Sie ihn von innen und außen.*

2 *Konzentrieren Sie sich auf Ihren Atem und visualisieren Sie eine leuchtende Lichtkugel über Ihrem Kopf.*

3 *Projizieren Sie eine Drei in die Lichtkugel. Tun Sie das dreimal.*

4 *Visualisieren Sie eine Zwei dreimal.*

5 *Schließlich visualisieren Sie eine Eins dreimal.*

6 *Jetzt sollten Sie keine physischen Empfindungen mehr haben, da sich Ihr Bewusstsein von Ihrem physischen Körper entfernt hat.*

Gemeinsam träumen

Traumhilfe
Es können zwei oder mehr Träumer das gleiche träumen und das Problem gemeinsam lösen, indem sie die gleichen Erfahrungen machen.

Der gemeinsame Traum – oder *rêve à deux*, wie die Franzosen sagen – wird von zwei oder mehr Menschen gemeinsam geträumt. Das kann zwar spontan passieren, wird aber meist vorausgeplant und von Träumern absichtlich eingeleitet, die an dem gleichen Traum Gefallen finden. Während normalerweise die Traumlandschaft das subjektive Werk eines einzelnen Träumers ist, finden gemeinsame Träume an einem für alle gemeinsamen Ort statt.

Der Treffpunkt

Gemeinsame Träume kommen sehr unterschiedlich zustande. Es können sich z. B. zwei oder mehr Träumer in der gleichen Traumlandschaft verabreden und wie im Wachzustand gemeinsam auftreten und handeln. Häufiger passiert es, dass Träumer zwar gemeinsam auftreten, aber in die Rolle des jeweils anderen schlüpfen. Dabei wissen sie nichts von der Gegenwart eines anderen Träumers. Erst wenn sie anschließend ihre Aufzeichnungen vergleichen, merken sie, dass sie die gleichen Erfahrungen, Gefühle, Gedanken und Bilder gehabt haben. In der einen Traumart erkennt man seine Partner und handelt gemeinsam, während man man sich in der anderen nur den Traum teilt ohne zu merken, dass er von jemand anderem geteilt wird.

Reziproke und geteilte Träume

In einem reziproken Traum antwortet ein Träumer auf einen Traum, den der Traumpartner ihm mitgeteilt hat. Indem er sich entweder ein bestimmtes Symbol oder den gesamten Trauminhalt aussucht, träumt er einen neuen Traum auf der Grundlage des ersten. Wie in dem Spiel „Stille Post" verändert sich der Traum, wenn die Partner ihre Erfahrungen einander weitergeben. So wird daraus ein interaktiver Traum oder eine Traumserie. Ein geteilter Traum wird mit der Absicht eingeleitet, jemand anderen im Traum zu treffen.

Traum als Hilfe

Robert van de Castle sieht in Träumen die Quelle einer großen kreativen Kraft, die dazu eingesetzt werden könnte, den Lauf der Menschheit zu beeinflussen. In seinem Buch *Our Dreaming Mind* argumentiert er überzeugend, dass Träume mehr wissenschaftliche Beachtung finden sollten. Er verteidigt seine eigene Forschungsarbeit über telepathische Träume, bei der sein besonderes Interesse Traumritualen galt, bei denen sich mehrere Träumer gleichzeitig auf das Problem eines Menschen konzentrieren und ihm helfen, es zu lösen.

I am at the seaside, wandering along amongst the debris that a recent storm has thrown up on the beach. The sun is sinking. I start to collect small, green, pebble-like objects that I find amongst the driftwood and seaweed. I feel compelled to put one of them in my mouth.

Persönlicher Austausch

Wenn Sie einen Traum mit einem Partner teilen, darf es Sie nicht stören, wenn er Ihre intimsten Geheimnisse kennt.

GEMEINSAME TRÄUME PLANEN

Es kommt vor, dass man im Traum von seiner Erinnerung oder seinem Unterbewusstsein mit jemandem konfrontiert wird, der im Wachzustand eine wichtige Rolle gespielt hat. Vielleicht weckte er das Interesse des Träumers, erregte ihn sexuell oder ärgerte ihn einfach nur. Ob der Einfluss nun negativ oder positiv war, das Traumbewusstsein hält es für nötig, dem Träumer die Möglichkeit zu geben, die im Wachzustand nicht vollzogenen Handlungen im Traum nachzuholen, um die Situation zu klären. Die andere Person fühlte sich tagsüber vielleicht ebenso betroffen und träumt ihrerseits zur gleichen Zeit. Der gemeinsame Traum baut darauf auf und gibt den beiden Protagonisten die Möglichkeit, die Probleme gemeinsam zu lösen.

Partner im Traum

Jede Partnerschaft im Traum ist eine heikle Sache. Sie müssen sich den oder die Menschen Ihres Vertrauens mit Vorsicht aussuchen. Sie müssen zu Ihnen passen und integer sein. Gayle Delaney legt in ihrem Buch *All About Dreams* großen Wert darauf, weil es bei dieser Traumarbeit um sehr persönliche und unangenehme Dinge gehen kann. Da kann ein Ihnen zu nahe stehender Partner der falsche sein, denn er könnte sein Wissen anschließend gegen Sie verwenden.

Partnerschaft

1 Um einen gemeinsamen Traum zu planen, müssen Sie sich gemeinsam mit Ihrem Traumpartner bzw. allen Partnern auf den Schauplatz einigen. Gehen Sie die Landschaft in allen Einzelheiten durch und besprechen Sie auch mögliche Einsichten oder Gefühle, die sich einstellen können.

2. Bevor Sie zur verabredeten Zeit schlafengehen, visualisieren Sie noch einmal die Szene und ihre(n) Protagonisten. Formulieren Sie einen Satz, der alle Ziele beinhaltet. Der Satz sollte klar und präzise sein. Wenn Sie mit Ihrer Vorarbeit zufrieden sind, wiederholen Sie den Satz noch mehrere Male und vertrauen Sie darauf, dass der gemeinsame Traum stattfinden wird.

Vertiefung **Gemeinsame Träume planen**

Wiederkehrende Träume

Schicksalhafte Träume
Jung glaubte, dass wiederkehrende Träume in der Kindheit Prophezeiungen für die Zukunft sein könnten.

Wiederkehrende Träume sind meist Albträume, die dem Träumer drängen, eine emotionale Zwangslage zu klären. Sie beleuchten grundlegende Probleme, die im Wachzustand übersehen werden. Oft weiß man zwar, was der Traum sagen will, ist aber nicht bereit sich der Schwierigkeit zu stellen, die den Traum ausgelöst hat.

Für wiederkehrende Träume gibt es zwei mögliche Gründe: Entweder zeichnen sie ein objektives, wenn auch grafisches Bild eines Verhaltensmusters, welches das tägliche Leben des Träumers stark beeinträchtigt, oder sie spielen immer wieder ein Trauma durch, das noch nicht erfolgreich gelöst wurde. Diese Träume zeigen deutliche jene Fäden, die sich durch ein Leben ziehen und Erfüllung und Harmonie verhindern. Sie sollten sich das Geschehen sowie die Bilder des Traums genau ansehen und herausfinden, welche Assoziationen sie damit verknüpfen. Was könnten Sie tun, um die Botschaft zu verstehen? Wenn Sie sie verstehen und annehmen, werden die Träume aufhören. Ignorieren Sie sie weiter, kommen sie wieder.

Träumen, um die Zukunft vorauszusagen

Einige wiederkehrende Träume sind eher Weissagungen. Jung hielt sie besonders bei Kindern für eine Aussage über die Zukunft. Sie können vor zukünftigen Ereignissen warnen oder den Träumer darauf vorbereiten. Oft sind sie beunruhigend, aber eher weil sie immer wiederkehren, und weniger wegen beängstigender Inhalte.

Eine Träumerin erzählte, dass sie seit ihrer Kindheit immer wieder von einem Himmel ohne Sonne, von einem grauen See, von Schilf und von Tannen träumte. Auf dem Wasser schwammen Kanus und zum Teil kaputtes indianisches Kochgeschirr. Als sie 27 Jahre alt war, besuchte sie ihren biologischen Vater in Kanada, den sie seit ihrem vierten Lebensjahr nicht mehr gesehen hatte. Es dämmerte schon, als sie ankam, aber er wollte unbedingt noch mit ihr in seinem Kanu auf den See hinauspaddeln. Sie erkannte den See aus ihren Träumen wieder und erzählte ihrem Vater, dass sie ihr ganzes Leben lang davon geträumt hatte. Gleichzeitig wusste sie, dass sie das jetzt wohl nicht mehr tun würde, und sie hatte diesen Traum tatsächlich nie wieder.

Zusatzinformation

In einem wiederkehrenden Traum zwingt das Unterbewusstsein den Träumer, sich einem Problem zu stellen. Der Traum kehrt wieder, bis er es tut oder sich das Problem anders löst.

Genetisches Erbe

Gehören auch Träume zum genetischen Erbe, das die Kinder von ihren Eltern mitbekommen?

TRÄUME IN ZWEITER GENERATION

Es gibt Fälle, in denen Träume von einer Generation an die nächste weitergegeben werden. Die ursprünglichen Träumer, die ihren Kindern nie von ihren Albträumen erzählten, bekamen von diesen exakt den gleichen Traum erzählt. Keiner dieser Träume war auf Erlebnisse oder Eindrücke der Kinder selbst zurückzuführen, auch nicht auf Filme, die sich oft in Kinderträumen spiegeln. Die Kinder durchlebten einfach die Gefühle, Ängste und Phobien ihrer Eltern erneut und machten die gleichen Erfahrungen wie sie.

Das ideale Haus

Die Träumerin Lorraine hat den gleichen Namen wie ihre Mutter und ist auch am gleichen Tag geboren. Sie ähneln sich zwar äußerlich, sind aber emotional sehr verschieden. Lorraine hatte genau wie ihre Mutter 25 Jahre lang etwa 50-mal den gleichen Traum, in dem sie aus einem Haus, das sie sehr lieben, in ein anderes ziehen müssen, das ihnen nicht gefällt. Beide berichten von überwältigendem Kummer, den sie dabei durchmachen. Der Stil und das Aussehen der Häuser veränderten sich zwar, aber der Kummer ist bei beiden der gleiche.

Der Turm

Victoria hatte bis zu ihrem 20. Lebensjahr einen wiederkehrenden Traum. Sie träumte von Piraten, die oben um einen großen grauen Turm herumsegelten und Kanonenkugeln auf sie und ihre Familie abfeuerten, die unten auf dem Boden waren. Die Atmosphäre war dunkel und beängstigend und es hing Rauch in der Luft. Victoria staunte, als ihre Tochter Emma ihr genau den gleichen Traum von sich erzählte. Emma konnte sogar den Turm aus Victorias Traum genau beschreiben, den sie schon längst als den Wasserturm bei ihrem Elternhaus erkannt hatte, den ihre Tochter aber noch nie gesehen hatte.

Traumanalyse

Kann es sein, dass diese vererbten Träume eine Art von geteilten oder gemeinsamen Träumen sind, die von selbst auftauchen? Können sie auf unerklärliche Weise an Erlebnisse aus früheren Inkarnationen anknüpfen, die Mutter und Tochter gemeinsam erlebt haben? Oder sind sie rein genetischer Natur? Könnte es sein, dass ein Fötus von seiner Mutter durch die Nabelschnur nicht nur physisch ernährt wird, sondern auch deren Erinnerungen und Gefühle mitbekommt und danach auch die gleichen Ängste entwickelt? Das Interessanteste an diesem Fall ist die Tatsache, dass Mutter und Tochter *exakt* den gleichen Traum hatten.

Träume und Quantenphysik

Reise durch das Universum
Theoretisch kann zwischen Paralleluniversen kein Kontakt hergestellt werden, aber das ist auch nicht nötig, wenn man in beiden existiert.

Was ist ein Traum? Existiert die Traumwelt nur in unserer Vorstellung? Oder ist sie sogar realer als die physische Welt, in der wir leben? Bekommen wir kurze Einblicke in die nächste Welt, die in der physischen enthalten ist? Oder liegt die Traumwelt auf halbem Weg zwischen dieser und der nächsten? Es gibt keine eindeutigen Antworten auf diese Fragen. Aber warum sehen wir die Träume nicht einfach so, wie es einige Quantenphysiker tun?

Viele Universen

1957 stellte Hugh Everett seine Theorie vor, dass mehrere Welten nebeneinander existieren und sich ständig weiter vermehren. Viele sind mit der unseren praktisch identisch, während andere sehr verschieden sind.

Demnach teilt sich das Universum bei jedem Quantenereignis. Mit jeder Teilung werden neue Universen erschaffen und in jedem gibt es einen Klon von uns. Vor der Teilung war jeder nur ein Mensch und obwohl jeder auch danach immer noch ein Mensch ist, existiert er doch in mehr als nur einem Universum. Jedes Universum hat mit einem anderen die gleiche Vergangenheit aus der Zeit vor der Teilung, danach geht es seinen eigenen Weg. Jeder dieser Welten reagiert also auf die Ereignisse, die in ihr entstehen, und gleichzeitig auf andere Ereignisse in anderen Welten, zwischen denen kein Kontakt hergestellt werden kann. Das ist auch nicht nötig, wenn man in jeder existiert.

Interuniverses Reisen

Stellen wir in unseren Träumen den Kontakt zu diesen anderen Universen her? Im Schlaf können uns äußere Reize aus dieser Welt nicht erreichen und wir müssten demzufolge in einem anderen Universum, in dem wir ebenfalls existieren, unsere Erfahrungen machen. Da wir dieselben Personen sind, kommt es uns nicht fremd vor. Wir leben einfach in einem anderen Universum.

Vielleicht kann man mit dieser Theorie auch prophetische Träume erklären. Wenn das parallele Universum eines der Zukunft ist und wir etwas darin sehen, das für unsere Entwicklung wichtig ist, dann sollten wir es als etwas identifizieren können, das in dieser Welt noch Zukunft ist.

Zusatzinformation

Denkt man diese Theorie logisch weiter, kommt man zu dem Schluss, dass man in einem Traum alles aus einem Universum in unendlich vielen verschiedenen Universen erleben kann.

GLOSSAR

Apnoe Teilweiser oder gänzlicher Atemstillstand im Schlaf.

Archetyp Ein angeborenes Konzept oder eine Vorstellung, die unabhängig von Rasse, Kulturkreis, Glaube oder Geschlecht allgemein verstanden wird.

Astralprojektion Erfahrung, den physischen Körper zu verlassen und die Welt getrennt vom mentalen Selbst in einem „astralen" Körper mit eigenem Bewusstsein und Sinneswahrnehmungen zu erleben.

EEG Abkürzung für Elektroenzephalograf, mit dem die elektrischen Potenzialschwankungen im Gehirn gemessen und aufgezeichnet werden.

Ego Der Teil der Persönlichkeit, der bewusst als „Ich" erkannt wird.

Erweiterung C. G. Jungs Methode, die Bedeutung eines jeden Traumsymbols zu erklären, indem er die Verbindung mit den Archetypen der Mythologie, der Religion, der Geschichte und der eigenen Psychologie in Verbindung bringt und diese Deutung auf das aktuelle Leben bezieht.

Es Sigmund Freuds Begriff für das Unbewusste, den Bereich der Triebe, der sich einer bewussten Kontrolle des Individuums entzieht.

Existenzialismus Eine philosophische Bewegung, die den bewussten Einsatz des Willens und nicht des Verstands betont, um sich den Problemen eines unmoralischen Universums zu stellen.

Freie Assoziation Um unbewusste Prozesse besser erkennen zu können, werden die spontanen Assoziationen von Gedanken und Symbolen gefördert.

Gestalt Eine Erlebniseinheit, deren Einzelheiten als als ein Ganzes aufgefasst werden.

Hypnagogische Bilder Visionen oder Halluzinationen kurz vor dem Einschlafen.

Hypnopompie Visionen kurz vor dem Aufwachen.

Inkubation Die bewusste Planung und Erzeugung von Träumen.

Kollektives Unterbewusstsein Die allen Menschen gemeinsamen Aspekte der Psyche.

Luzide Träume (Klarträume) Während des Traums ist dem Träumer bewusst, dass er träumt.

Mandala Darstellung eines Kreises und eines Quadrats, aufgeteilt in vier oder eine Vielzahl von vier Teilen, die von der Mitte ausstrahlen. Symbol für die Ganzheit des Selbst.

Mantra Eine Silbe, eine Wort oder ein Vers mit mystischer oder spiritueller Kraft. Es wird laut oder innerlich ein- oder mehrmals gesprochen, z. B. bei Meditationen.

Neurotransmitter
Chemische Botenstoffe des Körpers, die Nervenimpulse durch das zentrale Nervensystem leiten.

Parasomnie Oberbegriff für Schlafstörungen wie Schlafwandeln, Schlafterror, Albträume und Bettnässen.

Persona Die Maske, die der Mensch der Welt zeigt.

Phyletisches Gedächtnis Das kollektive Gedächtnis einer Spezies.

Prodromaler Traum Traum, der auf eine bevorstehende Krankheit hinweist.

Psyche Die Gesamtheit bewusster und unbewusster seelischer Vorgänge und geistiger Funktionen.

Psychosomatik Krankheitslehre, die sich auf die Wechselbeziehung zwischen Psyche und Körper stützt.

Psychospirituell Die psychologische Seite der Spiritualität.

REM-Schlaf Geträumt wird im REM-Schlaf, wenn sich die Augen hinter den geschlossenen Lidern bewegen (rapid-eye-movement).

Schatten Laut C. G. Jung der unbewusste, vom Über-Ich unterdrückte Teil des Selbst.

Selbst C. G. Jungs Bezeichnung für das Herzstück der Persönlichkeit, in das alle Teile der Psyche eingebunden sind.

Über-Ich Die das Bewusstsein einschränkende innere Stimme der Eltern oder der Gesellschaft.

Zirkadisch Die Periodendauer der physiologischen Uhr vieler Lebensprozesse bei Tieren und Pflanzen, wenn sie 24 Stunden beträgt.

WEITERE TITEL IN DIESER REIHE:
NUR € 3.99

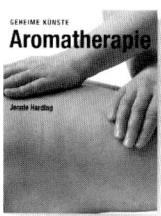

Aromatherapie
Jennie Harding
ISBN 3-8228-2483-6

Qi Gong
Angus Clark
ISBN 3-8228-2495-X

Ayurveda
Gopi Warrier, Dr. Harish Verma & Karen Sullivan
ISBN 3-8228-2489-5

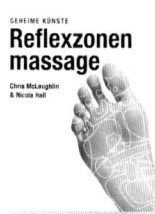

Reflexzonen-massage
Chris McLaughlin & Nicola Hall
ISBN 3-8228-2486-0

Handlesen
Peter West
ISBN 3-8228-2501-8

Reiki
Anne Charlish & Angela Robertshaw
ISBN 3-8228-2498-4

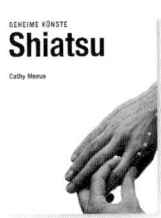

Shiatsu
Cathy Meeus
ISBN 3-8228-2492-5

Tarot
Annie Lionnet
ISBN 3-8228-2480-1

Yoga
Jennie Bittleston
ISBN 3-8228-2504-2

REGISTER

a
Aborigines 64
Adler, Alfred 48–51
Ägypten 32 ff., 36, 204
Albträume 92 f., 184, 196–199, 214
Angriff 101
Angst 100 f.
Anima/Animus 54 f.
Archetypen 53 ff., 60
Artemidoros 38 f.
Assoziation, freie 46 f., 62, 88
Assyrer 32, 36
Aufzug 154 f.
Auto 137
Ayurveda 40 f.

b
Badezimmer 133
Bewusstsein 34, 52
Bienen 161
Boss, Medard 60–63
Bus 136 f.

c
Cayce, Edgar 72 f.
Chinesen 34
Christentum 42 f.
Cyberspace 85

d
Dachboden 132
Dämonen 166 f.
Deutung 88 f.

e
Edelsteine 186 f.
Ego 45, 48
Eis 121
Engel 165
Entrümpelungstheorie 68 f.
Entwicklung, persönliche 80 f.
Erfahrungen, außerkörperliche (s. OBE) 204–207
Es 45
Essen 168–171
Esszimmer 133
Existenzialismus 60 ff.

f
Fahren 137 ff.
Fallen 100 f., 148–151
Farben 176–179
Fliegen 144–147
Flur 132
Freud, Sigmund 36, 44–47, 52, 56, 60, 89, 116

g
Geburt 96, 98 f.
Gedächtnis 20–23, 50
Gedächtnis, phyletisches 22
Gehirn 18 f., 44
Gemeinschaft 48, 50
Gestalt 56, 58 f., 89
Gesundheit 12 f.
Griechenland 32, 34, 36–39, 111, 204

Großstadt 128–131
Gruppenarbeit 84–87

h
Hände 108 f.
Haus 128, 130 f.
Haus, doppeltes 32 f.
Hippokampus 20
Hund 156 f.
Hurrikan 122
Hypnagogie 188–191

i
Indianer 65, 184
Indien 33 f., 40
Inkubation 34, 36, 65, 208, 210 f.
Institutionen 129
Interpretation 88 f.
Interview 90 f.
Islam 41

j
Jagd 100
Judentum 33, 36, 165
Jung, Carl Gustav 22, 27, 29, 36, 39, 52–55, 60, 88 f., 119, 212

k
Katze 157, 158 f.
Keller 132, 153
Kirche 128 f.
Klarträume 182, 200–203
Klettern 152–155
Kopf 108 f.

Kräuter 184
Kreativität 24 f.
Kristalle 186 f.
Küche 133

l
Landschaft 124–127
Lehrträume 72 f.
Literatur 24 f.

m
Meditation 192–195
Mensch 172–175
Mikrokosmos 56 f.
Minderwertigkeit 48 f.
Mülleimer-Theorie 68 f.

n
Nacktheit 112 f.

o
OBE (Out-of-body experience) 204–207
Öle, ätherische 184 f.

p
Perls, Fritz 56 ff., 84, 89
Pferd 157
Präkognition 74 f.
Problemlösung 70 f.
Prophezeiung 24 f., 74 f., 212, 217
Prüfung 104–107
Psychoanalyse 46, 56, 60

q
Quantenphysik 216 f.

r
Regen 121
Reisen 136–139, 217
REM (rapid-eye-movement) 13–17, 20 f., 33, 69, 82
Rhythmus, zirkadischer 12
Rollenspiel 50 f., 57
Rücken 109

s
Sarg 98 f.
Schatten 27, 54
Schlaf, paradoxer 16 f.
Schlafstörung 92
Schlafzimmer 133
Schlange 156
Schloss 128 f.
Schmetterling 161
Selbst 54
Senoi 64 f.
Sex 116–119
Sonnenschein 120
Spiegel 59, 172
Stuhl, leerer 57 f.
Symbolik 46 f.

t
Tagebuch 80–83
Theta-Rhythmus 20 f.
Tod 96 f., 98 f.
Topdog-Underdog 58

Träume, gemeinsame 208–211
Träume, große 29, 39
Träume, luzide 74, 182, 200–203
Träume, wiederkehrende 212–215
Traumarten 66 f.
Traumzeit 64
Treppe 132, 152 f.
Trinken 168–171

u
Über-Ich 45
unbewusst 27 ff.
Unterbewusstsein, kollektives 22, 52 f.
Untersuchung, klinische 92 f.

v
Vampir 164
Verlaufen 102 f.
Verlegenheit 112–115
Vogel 160–163

w
Wasser 140–143, 169
Werwolf 164
Wetter 120–123
Wohnzimmer 134 f.

z
Zahlen 180 f.
Zahn 110 f.
Zug 136 f.

DANKSAGUNG

Die Autorin bedankt sich für die Unterstützung, die Ratschläge und die Beiträge von Lucy Colman, Jill Davies, Colin Graham, Virginia Kidd, Julia Lawless, Jackie Loxton, Robbie und Glynn Macdonald, Lori Reid, Carol Rudd sowie Dr. Kamath. Sie dankt allen Traumanalytikern, die den Menschen weiterhin helfen und sie bei ihrer Traumarbeit inspirieren.

Der Herausgeber bedankt sich bei John Butler für die Überarbeitung und Kommentierung des Textes.

The Bridgeman Art Library, London: 35 The Victoria and Albert Museum, London; 38/39 Botticelli *Venus and Mars*, The National Gallery, London; 42U Le Louvre, Paris; 74/75 Riberia Jacob's *Dream*, Prado, Madrid. **AKG, London**: 42, 43 Le Louvre, Paris, 44, 46, 47, 50 Paul Gauguin *L'Enfant Endormi*, 52, 59 A. Bocklin, *Insel der Toten*, Leipzig Museum der Bildenden Künste, 89, 146, 194. **© Adelchi Riccardo Mantovani/AKG, London**: 46 Diptychon, 1975, 47 *Die Agonie der Quellnymphe*, 1975, 146 *Ikarus*, 1988. **Corbis, London**: 23 Paul A Souders; 26 Pablo Corral V; 27 Bettmann. **Hulton-Getty Images**: 48. **Images Colour Library, London**: 92. **The Image Bank, London**: 76, 81, 197, 202. **The Science Photo Library**: 216. **Stone/GettyOne**: 8, 54O, 54U, 55O, 64, 82, 198, 203, 206, 214. **The StockMarket, London**: 14, 62, 164.